本套教材出版获以下资助：

暨南大学高水平大学建设专项资金

教育部中外语言交流合作中心国际中文教育精品教材“1 +2”资助工程

CENTER FOR LANGUAGE
EDUCATION AND COOPERATION
中外语言交流合作中心

国际中文教育精品教材

暨南大学华文学院
College of Chinese Language and Culture .Jinan University

汉语言专业规划系列教材

MULTIMEDIA PRINT READER MPR www.mpreader.com

i学中文

第五册

总主编◎王衍军　林奕高　张　艳

分册主编◎黎　静

暨南大學出版社
JINAN UNIVERSITY PRESS

中国·广州

图书在版编目（CIP）数据

i 学中文. 第五册 / 王衍军，林奕高，张艳总主编；黎静分册主编. —广州：暨南大学出版社，2024. 11

汉语言专业规划系列教材

ISBN 978 -7 -5668 -3867 -4

Ⅰ. ①i… Ⅱ. ①王… ②林… ③张… ④黎… Ⅲ. ①汉语—对外汉语教学—教材 Ⅳ. ①H195. 4

中国国家版本馆 CIP 数据核字（2023）第 247136 号

i 学中文（第五册）

i XUE ZHONGWEN（DI-WU CE）

总 主 编：王衍军　林奕高　张　艳

分册主编：黎　静

....

出 版 人：阳　翼

项目统筹：杜小陆

责任编辑：潘江曼

责任校对：刘舜怡　王雪琳

责任印制：周一丹　郑玉婷

出版发行：暨南大学出版社（511434）

电　　话：总编室（8620）31105261

营销部（8620）37331682　37331689

传　　真：（8620）31105289（办公室）　37331684（营销部）

网　　址：http：//www. jnupress. com

排　　版：广州良弓广告有限公司

印　　刷：广州市金骏彩色印务有限公司

开　　本：787mm×1092mm　1/16

印　　张：12. 75

字　　数：153 千

版　　次：2024 年 11 月第 1 版

印　　次：2024 年 11 月第 1 次

定　　价：48. 00 元

前　言

本套教材是面向非华裔初级中文学习者的综合教材。编者们根据学习对象的特点，结合来华留学生日常生活交际需求，选取反映当代中国社会生活、经济、科技等方面的相关内容，利用融媒体等新技术，以独特的视角向学习者展示了真实的当代中国社会。

本套教材分为六册，共71篇课文，其中第一册15篇，第二、三、四册各12篇，第五、六册各10篇。教材内容从零起点开始，可满足初级到准中级阶段学生中文学习的需要，教师可根据学生水平和课时安排选择相应的册数和课文。整体上看，教材内容难度呈螺旋上升形态，其中，第一、二册侧重HSK一、二级水平，第三、四册侧重HSK三、四级水平，第五、六册侧重HSK五、六级水平。

除了纸质版教材外，我们还制作了配套的数字化教材、课件、语言点讲解视频、录音材料、Quizlet词卡。数字化教材除了呈现纸质版教材的生词、课文及语言点外，还配备了生词和课文的录音、生词的例句或图片讲解，以及与纸质版教材不同的练习题和测试题，为学习者预习与复习提供更丰富的形式和内容，方便学习者更有效地利用碎片化时间进行学习，从而让“课前—课堂—课后”形成更紧密的有机整体。

本套教材突出“新”和“活”的特色。“新”主要体现在两个方面：一是课文内容选材新。如微信、“双十一”、快递、外卖、移动支付等都是与当代中国人生活密切相关的主题。二是练习形式新。如设计了利用智能语音识别完成的题型，以及制作上传至社交账号上的视频作业；在数字化教材上实现听写、配对、组句等多样化的练习题型；在课堂练习部分，围绕教学重点内容提供了一些游戏、比赛、情景扮演类练习，互动性强，能活跃课堂气氛，增强学习的趣味性。“活”主要体现在强调学生对所学内容要活学活用，充分利用学生在中国学习的语言环境，设计实践性、交际性任务，推动学生从课堂走到课外，通过完成相关任务，克服畏惧心理，达到多用中文、敢用中文、会用中文的学习效果。

一、教材使用说明

1. 教学目标

本套教材内容编写以功能为导向，以任务型和交际型为主线，结合现代信息科学技术，通过大量听、说、读、写训练，培养学习者基本的中文交际能力；通过语言实践与互动，培养学习者得体的语言交际能力。

2. 适用对象

本套教材的适用对象为零起点的初级到准中级水平中文学习者。六册教材总学习时长为 2 年左右，每周学习 10 ~ 12 课时（每课时 45 ~ 50 分钟）。

3. 教材体例

本套教材的体例是：课前热身—生词—课文—语言知识—练习。“课文”从交际需求、感兴趣话题、热点话题角度进行编写。“练习”涵盖生词、语言知识、交际、课堂活动、实践拓展等内容，其中大部分内容可在课上与学生一起完成。还有一些练习需要学生课下进行语言实践，凸显交际性。教师可以根据情况选用各类练习。

4. 教材使用建议

各册教学课时安排：

拼音部分：16～20课时。

第一、二、三册：6～8课时/课。

第四、五、六册：8～10课时/课。

拼音部分建议集中教学。课堂游戏或活动部分，教师可以根据需要进行选择。语音、汉字的教学始终贯穿教材。每册都有一些只要求识记、不要求书写的认读字。遵循循序渐进、由易到难的教学原则。

5. 配套资料说明

本书生词和课文配有录音，音频文件请在暨南大学出版社官网（http：//www.jnupress.com）下载专区免费获取。Quizlet词卡，请在Quizlet官网（https：//quizlet.com/join/Zmf6k5NtM？i＝28qrwz&x＝1bqt）“暨南大学i学中文教材”处获取。微课视频，书中标有“教学视频”标志，请扫码查看。

二、特别说明

教材编写人员尊重所有图片、肖像的知识产权。教材中所使用的图片大多来源于“熊猫办公”网站。编写团队已购买“熊猫办公企业VIP至尊版（ID：47206601）”图片下载和使用权限，并获取了每一张图片的版权使用协议。熊猫办公企业VIP至尊版权限明确标注：图片可用于“图书出版：报纸配图、杂志封面及配图、图书封面及配图”，编写团队也保证所下载图片仅用于本套教材及其配套资源的出版和教学，不作他用。

教材中有一些照片由我们的同事及留学生等出镜拍摄并友情提供，均授权我们在教材中使用，对此表示衷心的谢意。此外，本套教材中还有极少量的图片我们未能及时联络上作者，在此也希望图片作者联络我们，以便及时支付相应图片稿酬。

在编写过程中，我们也参考了其他教材、词典等书籍以及网络资料，我们尊重各位作者的知识产权，在此也表示真诚的感谢。

教材录音团队是普通话一级甲等的资深播音员陆圆圆和何浩源，他们有着丰富的宣传片、纪录片、广告片等的录音经验和主持经验。

教材封面图片来源于雕塑家廖慧兰女士为暨南大学华文学院特别创作的雕塑作品《五洲学子》，现竖立于暨南大学华文学院南门。廖慧兰教授的女儿、资深艺术媒体人及策展人曹丹给予了支持。对此我们表示感谢。

教材编写是一项极其复杂、艰巨的任务。本套教材的编者都为富有教学经验的一线中文教师，团队群策群力，收集整理了众多资料，在编写工作中投入了大量的精力和时间。初稿完成后经过多次试用，并根据专家学者、试用教师和学习者的意见进行了反复修改。在此，再次对为本套教材写作、出版等付出辛劳的专家、教师、编辑、学生等表示由衷的感谢！然而，由于编者能力和水平有限，教材难免存在疏漏，恳请各位教材使用者提出宝贵建议，以便在下次修订时进一步完善和提高。

教材编写组

2024 年 3 月

Preface

This set of textbooks is designed for beginner-level learners of Chinese who are not of Chinese descent. According to the characteristics of the learners, combined with the daily communication needs of international students in China, the editors selected relevant content reflecting contemporary Chinese social life, the economy, science and technology, and used new technologies such as multimedia to show the modern side of Chinese society to learners from a unique perspective.

This series consists of six volumes, containing a total of 71 texts: 15 texts in the first volume, 12 texts in each of the second, third, and fourth volumes, and 10 texts in each of the fifth and sixth volumes. The textbook starts at a beginner level with no prior knowledge required and progresses to an intermediate level. Teachers can select texts based on the students' level. The textbook in this series present different levels of difficulty, among which volumes one and two will focus on HSK levels 1 and 2, volumes three and four will focus on HSK levels 3 and 4, and volumes five and six will focus on HSK levels 5 and 6.

In addition to paperback textbooks, digital textbooks, courseware, language guidelines explanation video, recording materials, Quizlet word card have also been created. In addition to presenting new words, texts, and language guidelines of paperback textbooks, digital textbooks are also equipped with audio recordings of new words and texts, explanation of example sentences or pictures of new words and texts, as well as exercises and tests that are different from those in the paperback textbooks, which provide a wider range of options for learners to preview and review content, allowing them to make better use of their study time. So that it may smooth out the process of previewing before the class, learning within the classroom, and reviewing after the class to form an organically cohesive learning experience.

This series of textbooks emphasizes the features of being new and dynamic. The newness is mainly reflected in two aspects: First, the selected topics are new. Such examples include WeChat, "Double Eleven", express delivery, takeout, mobile payment, which are closely related to modern Chinese people's lives. Second, the method of practice is also new. For example, in the exercises, questions were designed to be completed by automatic speech recognition, and video assignments that can then be posted to social accounts. The digital teaching materials also have dedicated sections for dictation, matching, sentence making, and other diversified types of exercises types. The classroom practice, games, competitions, and scenarios around the key contents are provided, and they have been designed to be highly interactive to increase student engagement. The dynamism is mainly reflected in the emphasis that students should learn to use their own methods of learning to make full use of the language environment in which students can learn in China, thus practical and communication tasks have a heavy emphasis on skills that enable students to better put knowledge obtained from class into practice. By completing relevant tasks, students can overcome their fear and achieve the desired learning effect of using Chinese more frequently and boldly, knowing how to use Chinese in their everyday lives.

Instruction for teaching materials

Teaching objective

These textbooks are designed with a focus on function, task-based learning, and communication. These textbooks integrate modern information science and technology, providing extensive practice in listening, speaking, reading, and writing. This approach aims to develop learners' basic communication skills in Chinese, while enhancing their ability to interact in a socially appropriate manner.

Applicable object

This series is designed for beginner with no prior knowledge of Chinese to intermediate learners. The total learning duration for the six volumes is approximately 2 years, with a recommended weekly study load of 10 to 12 class hours (each class hour lasting 45 – 50 minutes).

Textbook structure

The structure of these textbooks is: Warming up, New Words, Text, Language Guidelines, Exercises. The texts are written from the perspective of the needs that arise from communication, topics of interest, and trending topics. Exercises cover new words, language guidelines, communication tasks, classroom activities, practical application tasks, and more. Most of these can be completed in class with students. In particular, there are some exercises that require students to carry out language practice after class to highlight the communicative nature. Teachers can choose various exercises according to the situation.

Suggestions for use

Schedule of teaching hours for each volume:

The Pinyin part: 16 – 20 class hours.

Books 1, 2, and 3: 6 – 8 hours per lesson.

Books 4, 5, and 6: 8 – 10 hours per lesson.

The Pinyin section should be taught intensively. Classroom games and activities can be chosen by the teacher according to their needs. The teaching of pronunciation and Chinese characters is embedded throughout the textbook. Each volume has a number of characters that are only required to be memorized, not written. The teachers should follow the principle of gradual progression from easy to difficult.

Description of Supporting Materials

This book includes audio recordings for new words and texts, which can be downloaded for free from the Jinan University Press official website (http://www.jnupress.com) in the download section. Quizlet flashcards can be accessed on the Quizlet website at https://quizlet.com/join/Zmf6k5NtM?i=28qrwz&x=1bqt under "Jinan University iLearn Chinese Textbook". Micro-lesson videos, marked with the "Teaching Video" symbol in the book, can be viewed by scanning the chain code.

Special Note

We would like to stress that our textbook compilation team respects the copyright of pictures and portraits, and the sources of the textbook materials are indicated where applicable. Most of the pictures used in the textbook were downloaded from the website "Panda Office". The compilation team has purchased the "Panda Office Enterprise VIP Supreme Edition (ID: 47206601)" and has fair use policy for use of its pictures stipulated in the user agreement section after purchase. "Panda Office Enterprise VIP Supreme Edition" clearly indicates the permission that pictures can be used for "book publication: newspaper illustrations, magazine covers and illustrations, book covers and illustrations". Our team also guarantees that the downloaded pictures will only be used for the publication and teaching of books and textbook companion resources (digital and paperback), and will not be used for other purposes.

Some photos in the textbook were taken by our colleagues and international students, who have kindly granted us permission to use these images in the textbook, for which we express our heartfelt gratitude. In addition, there are a small number of images in the textbook for which we were unable to contact the authors in time. We kindly request that the image authors reach out to us so that we can arrange payment for the corresponding image royalties.

In the process of writing this textbook, reference to other textbooks, dictionaries and other books as well as online materials was made. We respect the intellectual property rights of all authors and hereby express our sincere thanks.

The textbook recording team consists of senior announcers for first-level Mandarin proficiency, namely Lu Yuanyuan and He Haoyuan. They possess extensive experience in recording promotional videos, documentaries, commercials, and have experience in hosting as well.

On the textbook cover is a photo of the sculpture *Students from All*

Corners of the World, which stands at the south gate of the College of Chinese Language and Culture, Jinan University. As a special gift for the college, it was designed and created by Liao Huilan, a renowned sculptor in China. Heartfelt thanks go to Prof. Liao's daughter Cao Dan, a senior art journalist and exhibition curator, for her efforts in granting copyright authorization.

The compilation of textbooks is an extremely complex and arduous task. The editors are all front-line Chinese teachers with diverse teaching experiences, who gathered and sorted out the materials, and invested a lot of energy and time in the compilation of the collected work. After the submission of the first draft, the textbooks have undergone multiple revisions in rounds of trials, with the opinions of experts and scholars taken into consideration. Once again, we expressed our heartfelt thanks to the experts, teachers, editors, and students who have worked hard on the writing and publication of this book. However, due to the limited ability and skills of the editors, there were inevitable situations that omissions in the teaching materials occurred, and we sincerely hope that all the users of the textbooks can provide valuable suggestions for further improvement in the next revision.

The Compilation Team of the Textbook

Mar., 2024

人物简介

Character Introduction

林一 Lín Yī
性别：男
国籍：中国

王乐乐 Wáng Lèle
性别：女
国籍：中国

阿里 Ālǐ
性别：男
国籍：美国

米亚 Mǐyà
性别：女
国籍：法国

米娜 Mǐnà
性别：女
国籍：埃及

艾文 Àiwén
性别：男
国籍：德国

安娜 Ānnà
性别：女
国籍：英国

中文词类简称表

Abbreviations of Word Classes

1	名词	míngcí	名	noun
2	代词	dàicí	代	pronoun
3	动词	dòngcí	动	verb
	离合词	líhécí		separable verb
4	形容词	xíngróngcí	形	adjective
5	数词	shùcí	数	numeral
6	量词	liàngcí	量	measure word
	数量词	shùliàngcí	数量	numeral-classifier compound
7	副词	fùcí	副	adverb
8	介词	jiècí	介	preposition
9	连词	liáncí	连	conjunction
10	助词	zhùcí	助	particle
	动态助词	dòngtài zhùcí		aspect particle
	结构助词	jiégòu zhùcí		structural particle
	语气助词	yǔqì zhùcí		modal particle
11	叹词	tàncí	叹	interjection
12	象声词	xiàngshēngcí	象	onomatopoeia
13	前缀	qiánzhuì		prefix
14	后缀	hòuzhuì		suffix

目　录

Contents

第一课　你吃了吗

Did you eat

课前热身 Warming up

以下情境，应该怎么打招呼？How to greet people in Chinese in the following situations?

生词 New words

1	遇见	yùjiàn	动	to meet
2	难道	nándào	副	used to reinforce a rhetorical question
3	打招呼	dǎ zhāohu		to say hello
4	既	jì	副	as well as

5	显得	xiǎnde	动	to seem; to look
6	奇怪	qíguài	形	strange, odd
7	碰	pèng	动	to meet
8	啥*	shá	代	what
9	原来如此	yuánlái rúcǐ		so it is; I see
10	不同	bù tóng		different
11	长辈	zhǎngbèi	名	elders
12	领导	lǐngdǎo	名	leader
13	问好	wènhǎo	动	to say hello
14	院长	yuàn zhǎng		dean
15	尊重	zūnzhòng	动	to respect
16	久违*	jiǔwéi	动	it's been way too long
17	停	tíng	动	to stop
18	寒暄*	hánxuān	动	to greet
19	讲究	jiǎngjiu	动/形	to be particular about; decent
20	干吗	gànmá	代	why; what are you doing
21	认为	rènwéi	动	to consider
22	特地	tèdì	副	for a special reason
23	向	xiàng	介	towards
24	请教	qǐngjiào	动	to consult

说明：加 * 的词语不要求掌握书写。

Note: Competence in writing words marked with asterisks is not required.

25	表达	biǎodá	动	to express
26	拉	lā	动	to pull
27	彼此*	bǐcǐ	代	each other
29	距离	jùlí	名/动	distance; to be at a distance of
29	并	bìng	副	(not) at all (used before a negative word for emphasis)
30	回答	huídá	动	to answer
31	不必	búbì	副	not necessaily
32	具体	jùtǐ	形	specific
33	面对	miànduì	动	to face
34	问候	wènhòu	动	to greet
35	学问	xuéwen	名	knowledge
36	清楚	qīngchu	形	clear
37	闹笑话	nào xiàohua		make a fool of oneself
38	笑话	xiàohua	动/名	to laugh at; joke
39	同时	tóngshí	名	meanwhile

课文 Text

课文1 Text 1

（下午，艾文在校园里遇见了老师……）

艾文：老师，您吃了吗？

老师：吃什么？怎么突然问我这个问题？

艾文：难道你们不这样说吗？朋友告诉我，跟中国人打招呼要问“吃了吗”。

老师：我们打招呼的时候确实会问“吃了吗”，但在吃饭时间前后才这样说。现在是下午四点多，既不是午饭时间，也不是晚饭时间，这样问显得很奇怪。

艾文：那我碰到中国朋友到底该怎么打招呼呢？

老师：如果你看到别人正准备出去，你可以说“去哪儿”或者“出去呀”。要是别人正在忙，你可以说“忙着呢”或者“忙啥呀”等。也就是说，看到别人干什么，你就问什么。

艾文：哦，原来如此。

老师：而且，对不同的人，打招呼的方式也不同。比如说，见到长辈或者领导，我们就直接问好，像“爷爷好”“王院长好”“李老师好”等，表示尊重；遇见久违的朋友，常常说“好久不见”，有时候还会停下来寒暄几句。做生意的人也经常会问：“最近在哪儿发财啊？”

艾文：哇，在中国打招呼真讲究。

课文2 Text 2

艾文发现有的中国人打招呼，喜欢问“吃了吗”“去哪儿”“在干吗呢”这样的问题。一开始他觉得很不习惯，因为在他们国家，这样问会被认为是不尊重别人的隐私。于是，他特地向老师请教了这个问题。

老师告诉他，中国人这样打招呼，是为了表达对朋友的关心，拉近彼此的距离。问话的人并不是真的想知道你吃了没有或者要去哪儿，所以回答时不必那么具体。而且打招呼面对不同的人，问候的方式也不同。

艾文没想到，打招呼还有这么多学问，不弄清楚就容易闹笑话。看来在学好语言的同时，也要多多了解中国文化。

语言知识 Language guidelines

知识1 Tip 1

教学视频

“难道”

“难道你们不这样说吗？”

“难道”是副词，常用来加强反问语气，句末常跟有“吗”。例如：

A. 用于动词短语前。

(1) 学生难道不应该好好学习吗？

(2) 他早就不在这里工作了，你难道不知道吗？

B. 用于主语前。

(3) 他们能做到，难道我们做不到吗？

(4) 要过年了，难道你不回家吗？

“难道”还可以表示猜测。例如：

（5）他今天没来上课，难道生病了？

（6）舍友这么晚还没回宿舍，难道她出去约会了？

知识2 Tip 2

“既……又/也……”

“既不是午饭时间，也不是晚饭时间”

“既”表示不只这一方面，常跟“也”“又”配合，连接并列成分。

1. 既……又……。表示同时具有两个方面的性质或情况。连接动词或形容词（结构和音节数目常相同）。例如：

（1）她的性格既开朗又活泼。

（2）骑车去上班，既能保护环境，又能锻炼身体。

2. 既……也……。后一部分表示进一步补充说明，连接两个结构相同或相似的词语（音节数也常相同）。例如：

（3）他既没说来，也没说不来。

（4）麦克既学过法语，也学过中文。

知识3 Tip 3

“也就是说”

“也就是说，看到别人干什么，你就问什么。”

“也就是说”是对前面提到的内容再解释或总结一遍。例如：

（1）酒吧只对成年人开放，也就是说，现在你还不能进去。

（2）充电宝不能托运，也就是说，你得随身携带。

（3）这周末和下周一、周二都放假，也就是说，我们一共放四天假。

知识4 Tip 4

“表示” VS. **“表达”**

“表示”和“表达”都表示通过语言、行为或其他形式来显出思想、感情、态度的意思，但是在具体使用时有所差别：

1.“表示”指将思想、感情、态度客观地显现出来，情感抒发的程度较弱。它的主语不受限制，既可以是人，也可以是某一个事物或现象，可带名词、动词、形容词作宾语。例如：

（1）红灯表示停止，绿灯表示通行。

（2）他不说话表示不同意。

（3）对他们的到来，我们表示热烈的欢迎。

（4）员工们对公司的决定表示满意。

2.“表达”多指通过语言或艺术形式将思想、情感有感情地抒发出来，主观性较强。它的主语一般是有感情、会思考的人或者是有思想倾向性的作品等，后跟名词宾语。例如：

（5）很多年轻人喜欢在网上表达自己的意见。

（6）他生气地站起来，大声地表达着自己的不满。

（7）《一荤一素》这首歌，表达了词作者对母亲的思念。

知识5 Tip 5

“向” VS. “对”

相同点：“向”和“对”都可以表示动作的对象，如例（1）。如果后面的动词是表示身体动作等具体动词，或者含有“表达”之意的动词，即引出表达的对象，如例（2）。这两种情况下，两词可以互换。

（1）老师向他点点头。/老师对他点点头。

（2）我们应该向他表示感谢。/我们应该对他表示感谢。

不同点：“向”可以表示“从……那里（得到……）”，如例（3）。“对”可以表示“对待”，即表示人与人、集体、事物之间的关系，如例（4）。

（3）昨天我向朋友借了一本书。（对×）

（4）他对我很友好。（向×）

知识6 Tip 6

“并”

“问话的人并不是真的想知道你吃了没有或者要去哪儿”

“并”用在否定词前边，强调事实或看法不是别人以为的那样，有反驳语气。例如：

（1）这件事我并不知道！没人告诉我。

（2）她虽然是女生，但是她并不喜欢粉红色。

（3）他说谎了，昨晚他并没有回家。

练习 Exercises

1. 读一读。 Read.

（1）确实　　确实有用　　中文确实有用

（2）遇见　　遇见朋友　　在校园里遇见朋友

（3）奇怪　　很奇怪　　这样问很奇怪

（4）招呼　　打招呼　　遇见认识的人要打招呼

（5）尊重　　尊重他人　　尊重他人的想法

（6）请教　　请教问题　　向老师请教问题

（7）具体　　具体情况　　了解具体情况

（8）清楚　　弄清楚　　把问题弄清楚

（9）距离　　拉近距离　　拉近彼此的距离

（10）表达　　表达关心　　对朋友表达关心

2. 选词填空。 Choose the right words to fill in the blanks.

显得	碰	尊重	长辈	讲究	认为
表达	距离	彼此	学问	问好	具体

（1）爷爷年轻时读了不少书，是一个很有（　　　　）的人。

（2）你能不能把（　　　　）的情况说一下？

（3）小宝宝的脸红红的，（　　　　）特别可爱。

（4）很多人（　　　　）钱是万能的。

（5）父母应该（　　　　）孩子自己的想法。

（6）我穿衣服不（　　　　）牌子，质量好、穿得舒服就可以。

（7）有不明白的事情，晚辈要多向（　　　　）请教。

（8）中国人不太习惯直接（　　　　）自己的感情。

（9）昨天我逛街的时候（　　　　）到了李老师。

（10）在路上遇到认识的人，我们要主动（　　　　）。

（11）结婚以后应该不分（　　　　），有福同享，有难同当。

（12）世界上最远的（　　　　），不是生与死，而是我站在你面前，你不知道我爱你。

3. 完成句子。 Complete the sentences.

（1）我不是来这儿旅游，____________________。（特地）

（2）____________________，紧张是正常的。（面对）

（3）刚来中国的时候，____________________。（闹笑话）

（4）遇到什么不懂的问题，____________________。（请教）

（5）姐姐和妹妹____________________。（同时）

（6）他自己能照顾好自己，____________________。（不必）

（7）这个问题太难了，____________________。（清楚）

（8）你拿的是学生签证，不是工作签证，____________________

____________________。（也就是说）

（9）180 分是通过，你只有 175 分，____________________

____________________。（也就是说）

4．判断对错并改正。 Answer the true or false question and correct the sentences.

（1）现在我想向很多人感谢。（　　）

____

（2）借这个机会，我要表示我的想法。（　　）

____

（3）老一辈人不善于表达自己的感情。（　　）

____

（4）不接你的电话，表达她不想理你。（　　）

____

（5）他对我们的做法表示反对。（　　）

____

（6）这首歌表示了人们对祖国的热爱。（　　）

____

5．用"向"或"对"完成下列句子。 Complete the sentences with **"向"** or **"对"**.

（1）他是一个好学生，大家要________他学习。

（2）他________我招招手，叫我过去。

（3）晚辈________长辈要有礼貌。

（4）妹妹________画画儿很有兴趣。

（5）她________小明眨眨眼睛。

（6）李老师________我的帮助很大。

（7）这件事情你要________学校申请。

（8）出门________左转，走两三百米你就能看到公交车站。

6. 根据提示写句子。 Make sentences according to the given words.

（1）星期五要考试，你的同桌不知道，你可以说……（难道）

→______________________________

（2）要过年了，你的中国朋友还没回老家，你可以说……（难道）

→______________________________

（3）你的朋友不跟你一起做游戏，你可以说……（难道）

→______________________________

（4）老师请假没有来上课，你和同学们猜原因。（难道）

→______________________________

（5）他会说英语和中文。（既……也……）

→______________________________

（6）足球和篮球，他都喜欢。（既……也……）

→______________________________

（7）学习的时候要认真，玩的时候要开心。（既……也……）

→______________________________

（8）别人以为你知道这件事，但你不知道。你可以说……（并）

→______________________________

（9）这个人你听说过，但是没见过。你可以说……（并）

→______________________________

7. 根据课文判断对错。 Answer the true or false questions according to the text.

（1）跟中国人打招呼一定要问："吃了吗？"（　　）

（2）面对不同的人，问候的方式也不同。（　　）

（3）中国人打招呼很随便，一点儿也不讲究。（　　）

（4）在中国问别人“在干吗”“去哪儿”是不尊重别人的隐私。（　　）

（5）中国人之间打招呼常常是为了表达对朋友的关心。（　　）

（6）如果中国朋友问你“去哪儿”，你一定要回答具体的地方。（　　）

8. 根据课文内容完成表格。 Complete the table according to the text.

情况	如何打招呼
吃饭时间前后	
看到别人正准备出去	
看到别人拿着足球	
见到爸爸的朋友	
见到王校长	
遇到久违的朋友	
遇到之前生了病的朋友	
生意伙伴遇到彼此	

9. 小记者。 Interview.

采访你的中国朋友，问问他们在生活中是怎样打招呼的，并把你们的对话记录下来。

姓名	打招呼的方式		
1			
2			
3			
4			
5			

10. 说一说，写一写。 Talk and write.

你有没有因为打招呼而产生误会的经历？跟大家分享一下，不少于 80 个字。

第二课　我不会用筷子

I don't know how to use chopsticks

课前热身 Warming up

你会用筷子吗？你觉得用筷子吃饭方便还是使用刀叉更方便？Do you know how to use chopsticks? Which way do you think is more convenient for eating, chopsticks or a fork and knife?

生词 New words

1	筷子*	kuàizi	名	chopsticks
2	面馆	miànguǎn	名	noodle restaurant
3	筋道*	jīndao	形	(of food) tough and chewy
4	西餐*	xīcān	名	Western food

5	餐馆*	cānguǎn	名	restaurant
6	主要	zhǔyào	形	main；major
7	刀	dāo	名	knife
8	叉	chā	名/动	fork
9	熟能生巧	shúnéng-shēngqiǎo		practice makes perfect
10	规矩	guīju	名	established practice
11	含	hán	动	to keep in one's mouth
12	那样	nàyàng	代	in that way
13	礼貌	lǐmào	名	politeness
14	三长两短	sāncháng liǎngduǎn		unexpected misfortune
15	整齐	zhěngqí	形	neat；orderliness
16	横*	héng	名	horizontal stroke
17	竖*	shù	名	vertical stroke
18	交叉	jiāochā	动	to cross
19	夹	jiā	动	to clamp
20	翻	fān	动	to turn over
21	根	gēn	量	a measure word for (chopsticks，stick…)
22	沾	zhān	动	to be stained with
23	吮	shǔn	动	to suck
24	插	chā	动	to insert
25	随意	suíyì	形	at will
26	挥动	huīdòng	动	to wave

27	指	zhǐ	动	to point at
28	发出	fāchū	动	to make a sound; to send out
29	响声	xiǎngshēng	名	sound
30	请客	qǐngkè	动	to treat someone to
31	主人	zhǔrén	名	host
32	卫生	wèishēng	形/名	clean; health
33	公筷*	gōngkuài	名	serving chopsticks
34	千万	qiānwàn	副	be sure to
35	牙签*	yáqiān	名	toothpick
36	新娘*	xīnniáng	名	bride

课文 Text

课文1 Text 1

米亚：昨天我去了一家中国面馆，那里的面很有特色，很筋道，环境也不错。

阿里：我每天都吃西餐，还没有去过中国餐馆。

米亚：不会吧？你来中国这么久了，竟然没吃过中餐？

阿里：主要是因为我习惯用刀叉，还没学会用筷子。

米亚：我刚来的时候也不会用，后来有个中国朋友教会了我。多练习几次就会了，熟能生巧嘛！实在不行，也可以让服务员拿刀叉给你用。

阿里：在中餐馆吃饭当然要用筷子，不然多奇怪。你能教我怎么用筷子吗？

米亚：没问题！你请我去中餐馆吃饭，我教你用筷子，这就算你交的学费了。

阿里：那这个学费可不便宜啊！

米亚：开玩笑的。教会了你，以后就有人陪我吃中餐了。

课文 2 Text 2

在中国，使用筷子有很多规矩。比如，不能把筷子含在嘴里或者用筷子敲打碗盘，那样很没有礼貌。给别人筷子的时候，不能给颜色和长短不一样的筷子，因为这会使人想到“三长两短”。摆放筷子时要整齐，不能一边是大头，一边是小头，不能一横一竖交叉摆放。夹菜的时候，不要用筷子在盘子里翻来翻去，更不能用一根筷子去叉菜。如果筷子上沾着菜或者汁，不能用嘴去吮。饭没有吃完的时候，不要把筷子插到碗中间。吃饭说话的时候，不能随意挥动筷子，更不能用筷子指着别人。每次用完筷子都要轻轻地放下，最好不要发出响声。

请客吃饭的时候，要等主人先拿起筷子，客人才能拿筷子，表示尊重主人。中国人喜欢给客人夹菜，表示欢迎。但是用自己的筷子给别人夹菜不太卫生，所以现在很多人家里或者饭店都会准备几双公筷，夹菜的时候用公筷，吃菜的时候大家用自己的筷子。吃完饭后，千万不能用筷子代替牙签。

另外，在中国有些地方，结婚的时候老人会把筷子放在新娘的床上，你知道为什么吗？

语言知识 Language guidelines

知识1 Tip 1

“多 + V. + (N.)”

“多练习几次就会了，熟能生巧嘛！”

“多 + V. + (N.)” 一般表示说话人对别人的请求、命令、劝告等愿望。可分为三种类型：

1. 多 + V.，后面不带数量词。例如：

(1) 学中文应该多说、多听、多写。

(2) 他说的这些话没有别的意思，你不要多想。

2. 多 + V. + 具体数目。例如：

(3) 小明让我帮他多带一支笔。

(4) 今天晚上吃得太多，我得多走三圈。

3. 多 + V. + “几” “一些” “一会儿” “一点儿” 等概数。例如：

(5) 今天有点儿不舒服，我想多睡一会儿。

(6) 你太瘦了，要多吃点儿。

(7) 难得朋友几个聚在一起，多喝几杯再走。

知识 2 Tip 2

“V. 来 V. 去”

“不要用筷子在盘子里翻来翻去”

“V. 来 V. 去”，表示动作或行为反复或交替进行，前后两个动词为同一个词，有时候前后两个动词为近义词，还有的是习用语。例如：

（1）孩子们在操场上跑来跑去。

（2）他在床上翻来翻去，怎么也睡不着。

（3）思来想去，我决定还是去中国留学。

知识 3 Tip 3

教学视频

“千万”

“千万不能用筷子代替牙签”

“千万”，副词，意思是“一定，务必”，表示恳切叮咛，只用于祈使句。多用于否定句，常跟“别”“不可”“不能”“不要”连用；用于肯定句，常跟助动词“要”连用。例如：

（1）明天的考试很重要，千万不要迟到。

（2）这件事情千万别让他知道。

（3）过马路的时候，千万要小心。

知识 4 Tip 4

“千万” VS. “一定”

“千万”多表示对别人的劝告。除此之外，也可以表示说话人希望事情发生。例如：

（1）他最近分手了，千万别跟他提感情的事。

（2）妈妈的这次手术，千万要顺顺利利的。

“一定”多表示命令要求。例如：

（3）上课的时候一定要认真听讲，不要玩手机。

（4）你这个月一定得去趟北京出差，这是公司的安排。

“一定”还可以表示肯定的语气，也可以用于第一人称，“千万”则不能。例如：

（5）下午我一定来。

（6）父母知道这件事，一定会担心我的。

练习 Exercises

1. 看图写词。 Write words according to the pictures.

（1）写名词。

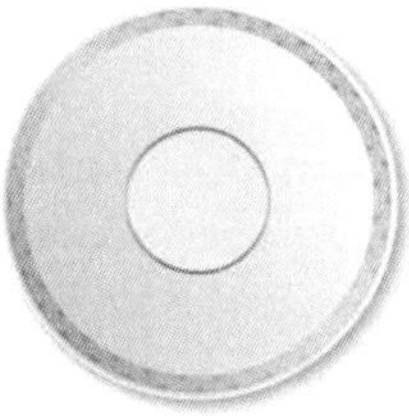

（　　　　　）　　（　　　　　）　　（　　　　　）

(　　　　)　　(　　　　)　　(　　　　)

你还知道其他跟吃饭有关的用具吗？

练习游戏：我画你猜。

（2）写动词。

(　　　　)　　(　　　　)　　(　　　　)

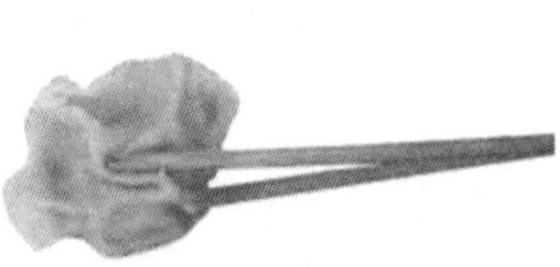

(　　　　)　　(　　　　)　　(　　　　)

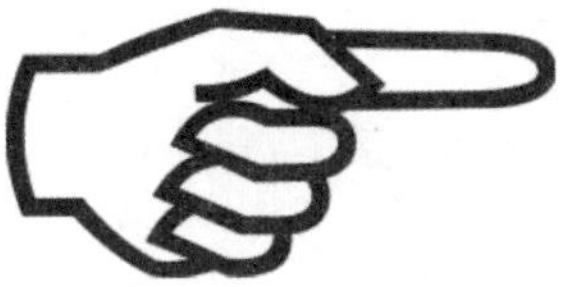
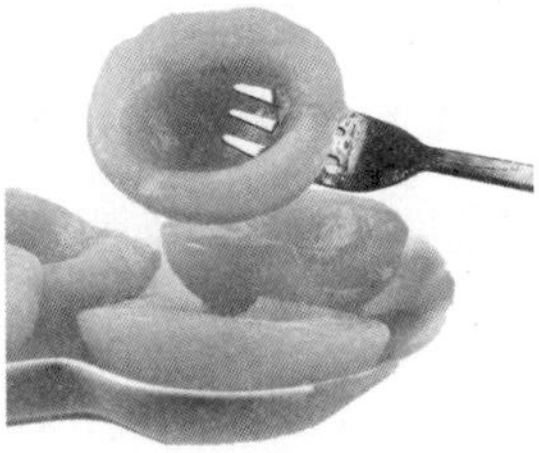

（　　　　）　　（　　　　）　　（　　　　）

练习游戏：我做你猜。

2．选词填空。 Choose the right words to fill in the blanks.

A.

整齐	规矩	主要	环境	三长两短
发出	礼貌	随意	特色	熟能生巧

（1）你要是有什么（　　　　），我也不想活了。

（2）这家店很有（　　　　），可以自己设计衣服，自己做。

（3）一家人一起吃饭的时候，要等年纪最大的长辈先夹菜，这是（　　　　）。

（4）这家饭店的（　　　　）不错，东西也好吃。

（5）你应该学习姐姐，经常打扫房间，把东西摆（　　　　）。

（6）学新的东西要多练习，（　　　　），练多了自然就熟练了。

（7）学生见到老师却不打招呼，是很没有（　　　　）的。

（8）你来中国的（　　　　）目的是什么？

（9）哥哥穿衣服很（　　　　），他不注重打扮。

（10）在图书馆学习的时候，不要（　　　　）太大的响声。

B.

（1）特色　　特点

去一个地方旅游，一定要试试当地的（　　　　）美食。

老师在教学时，应该根据学生的不同（　　　　）来教。

（2）规矩　　规则

任何情况下，我们都要遵守交通（　　　　）。

这孩子在客人面前表现得特别（　　　　）。

（3）随意　　随便

上课时，请不要在教室里（　　　　）走动。

我吃什么都可以，你（　　　　）点。

（4）千万　　一定

您放心，这件事我（　　　　）会解决好。

下午有考试，（　　　　）别忘了带上学生证。

3. 完成句子。 Complete the sentences.

（1）这个汉字不难，＿＿＿＿＿＿＿＿＿＿。（多＋V.＋N.）

（2）难得周末，我想＿＿＿＿＿＿＿＿＿＿。（多＋V.＋N.）

（3）你太瘦了，应该＿＿＿＿＿＿＿＿＿＿。（多＋V.＋N.）

（4）＿＿＿＿＿＿，最后她买了那条蓝色的裙子。（V. 来 V. 去）

（5）＿＿＿＿＿＿，我还是没找到综合课作业本。（V. 来 V. 去）

（6）吃饭的时候不要用筷子在盘子里＿＿＿＿＿＿。（V. 来 V. 去）

（7）他是个骗子！＿＿＿＿＿＿＿＿＿＿＿＿。（千万）

（8）女孩子一个人出去旅游，＿＿＿＿＿＿＿＿＿＿。（千万）

（9）这次面试很重要，＿＿＿＿＿＿＿＿＿＿＿＿。（千万）

4. 根据课文判断对错。 Answer the true or false questions according to the text.

(1) 把筷子含在嘴里没有礼貌。　　(　　)

(2) 交叉摆放筷子让人想到“三长两短”。　　(　　)

(3) 筷子上沾着菜汁，要用嘴吮。　　(　　)

(4) 饭没有吃完，可以把筷子插在碗上。　　(　　)

(5) 说话的时候，不能用筷子指着别人。　　(　　)

(6) 请客吃饭的时候，客人要等主人先拿筷子。　　(　　)

(7) 以前中国人很喜欢给别人夹菜，现在不喜欢了。　　(　　)

(8) 结婚的时候，新娘的床上一定要有筷子。　　(　　)

5. 阅读短文，回答问题。 Read the passage and answer the questions.

序号	中文	汉语拼音	英文
1	种类	zhǒnglèi	sort
2	塑料	sùliào	plastic
3	玉	yù	jade
4	餐具	cānjù	tableware
5	艺术品	yìshùpǐn	artwork
6	题词	tící	inscription
7	刻诗	kè shī	inscribe poem
8	绘画	huìhuà	painting
9	工艺品	gōngyì pǐn	handiwork

筷子不但直而且长，两根为一双。用筷子夹菜不是两根同时动，而是一根先动，另一根跟着动；一根在上，一根在下。它的一头是方的，另一头是圆的。方的代表地，圆的代表天。筷子的种类有很多，有木的也有塑料的，有金的也有银的，还有玉的。用筷子时，筷子要把我们的五个手指分成三部分，拇指、食指在上，无名指、小指在下，中指在中间。筷子不仅是一种餐具，还是一种艺术品。有的名人在筷子上题词、刻诗、绘画，那么筷子就成了工艺品。

（1）怎么用筷子夹菜？

____

（2）筷子的种类有哪些？

____

（3）用筷子时，手指怎么放？

____

（4）筷子是什么形状的？有什么意义？

____

（5）筷子有哪些作用？

____

6. 最佳筷子团。The best chopsticks users.

请以小组为单位，模拟去中国人家里用筷子吃饭。请注意筷子的使用礼节，出错最少的小组为最佳筷子团。

7. 筷子王。The master of chopsticks.

以小组为单位，每位同学轮流用筷子夹起在盆里的乒乓球，乒乓球上标上序号。不同序号的乒乓球对应不同的词语，夹球的同学必须读出对应的词语才算获得该球，否则须重新夹球。

规定时间内获得最多乒乓球的小组获胜。

8．写作。Writing.

写一写你们国家关于用餐的一些规矩，不少于 80 个字。

第三课　宠物

Pet

课前热身 Warming up

你最喜欢什么宠物？为什么？What is your favorite pet? Why?

生词 New words

1	宠物	chǒngwù	名	pet
2	养	yǎng	动	to raise, to keep
3	隔壁*	gébì	名	next door
4	人类	rénlèi	名	human being
5	忠诚	zhōngchéng	形	loyal
6	愿望	yuànwàng	名	desire, wish
7	调皮	tiáopí	形	naughty
8	乱	luàn	副	messy

9	咬	yǎo	动	to bite
10	乱七八糟	luànqībāzāo		to be in wild disorder
11	训练	xùnliàn	动	to train
12	乖	guāi	形	well-behaved
13	随地	suídì	副	anywhere; everywhere
14	大小便	dà xiǎo biàn		to relieve oneself
15	为	wèi	介	for (someone)
16	指令*	zhǐlìng	名	instruction
17	拖鞋*	tuōxié	名	slippers
18	什么的	shénmede	助	and the like
19	孤单	gūdān	形	alone
20	身边	shēnbiān	名	by one's side
21	默默	mòmò	副	quietly, silently
22	意见	yìjiàn	名	opinion
23	丑	chǒu	形	ugly
24	遛	liù	动	to walk
25	除此之外	chú cǐ zhī wài		besides that
26	允许	yǔnxǔ	动	to allow
27	凶	xiōng	形	fierce, ferocious
28	差点儿	chàdiǎnr	副	almost
29	心有余悸*	xīnyǒuyújì		have a lingering fear
30	性格	xìnggé	名	personality
31	温顺	wēnshùn	形	meek
32	斑纹*	bānwén	名	stripe

33	似的	shìde	助	as…as
34	全身	quánshēn	名	the whole body
35	雪白	xuěbái	形	snow-white
36	毛茸茸*	máoróngróng	形	hairy；downy
37	极了	jí le		extremely
38	自娱自乐	zì yú zì lè		playing on one's own
39	绳子*	shéngzi	名	rope
40	黏人*	nián rén		clingy
41	蹭*	cèng	动	to rub
42	抱	bào	动	to hug，to hold
43	眯	mī	动	to narrow （eyes）
44	呼噜*	hūlū	拟声	snore
45	副	fù	量	a measure word for (facial expression, glasses，gloves)
46	享受	xiǎngshòu	动	to enjoy
47	省心	shěngxīn	动	to be free from worry

专名 Proper nouns

阿福	Ā Fú	name

课文 Text

课文1 Text 1

艾文：我想养一只狗，你觉得怎么样？

安然：养狗？为什么要养狗？

艾文：你看隔壁王阿姨家的小狗阿福多可爱啊！而且狗是人类最忠诚的朋友，养狗是我一直以来的愿望。

安然：它们确实很好玩，但是有时候也很调皮，喜欢叫，总是乱咬东西，把家里搞得乱七八糟。

艾文：我们可以教它啊！狗很聪明，多训练几次它就乖了。

安然：狗还喜欢随地大小便，每天为它打扫卫生的时候，你就不会觉得它可爱了。

艾文：这也是可以训练的。听王阿姨说，阿福训练了两三个月后，不仅不乱拉，还会听一些指令做动作，帮王阿姨拿拖鞋什么的。最重要的是，当你心情不好或者孤单的时候，它会一直在你身边默默陪着你。

安然：好吧，如果你真想养的话，我没意见。但是丑话说在前面，我不会帮你遛狗，也不会帮你给小狗洗澡。除此之外，你最好先确定房东允不允许养狗。

课文2 Text 2

室友想养狗，说实话，我有点儿担心。一方面，狗确实可爱，但另一方面，养狗会带来很多麻烦。狗喜欢叫，喜欢乱咬东西。有的狗还特别凶，我小时候就差点儿被一只大狗咬伤，现在看到狗我还心有余悸……

我认为猫才是最好的宠物，因为猫的性格温顺，又爱干净，不需要人花很多时间照顾它。我们家以前有两只小猫，特别漂亮，一只是有黄色斑纹的，像小老虎似的；另一只全身雪白，毛茸茸的，可爱极了。

它们喜欢给自己“洗脸”，喜欢自娱自乐，一根绳子就能玩半天。不过，它们也有黏人的时候。每次我坐在沙发上，它们就会在我脚边蹭来蹭去，还经常跳到我身上，让我抱着它们。如果我给它们按摩，它们还会舒服地眯起眼睛，发出呼噜声，一副很享受的样子。如果养宠物的话，我希望养一只猫，特别省心。

语言知识 Language guidelines

知识1 Tip 1

“一直以来”

“养狗是我一直以来的愿望”

“一直以来”表示从以前到现在，可以修饰名词，也可以单独使用。例如：

（1）去北京大学学习是我一直以来的梦想。

（2）一直以来，他都不爱与人交往。

“以来”表示从过去某时直到说话时（或特指的某一时间）为止的一段时间，所组成的短语可以修饰名词或句子。“以来”前面常用

“从”“自”“自从”等词。例如：

(3) 开学以来，我已经交了不少新朋友。

(4) 七月以来，这里发生了十几起车祸。

(5) 自博物馆开放以来，每天都有几千名游客到这儿参观。

(6) 这是我出生以来，第一次离开父母独立生活。

知识2 Tip 2

“为”

“每天为它打扫卫生的时候，你就不会觉得它可爱了”

“为”，介词，给，引进动作的受益者。

1. “为” +名。例如：

(1) 他总是热情地为顾客服务。

(2) 母亲节快到了，我要为妈妈挑选一份特别的礼物。

(3) 新教室为孩子们提供了更好的学习环境。

2. “为”+动/动词短语。例如：

(4) 志愿者们为保护环境做了很多事情。

(5) 王经理为公司发展想了很多办法。

知识3 Tip 3

“丑话说在前面”

“但是丑话说在前面，我不会帮你遛狗”

“丑话说在前面”指不好听、不中听的话先说出来，以免发生矛盾，多带有提醒、警告的意思。例如：

（1）咱们把丑话说在前面，以后要出了问题，你可别来找我。

（2）丑话说在前面，万一不小心伤到你们，别怪我没提醒。

知识4 Tip 4

“除此之外”

“除此之外，你最好先确定房东允不允许养狗。”

“除此之外”指除了前面提到的以外，还有……，表示补充说明。使用结构一般为：……（A），……（B），除此之外，……（C）。例如：

（1）想要申请奖学金，必须每门课成绩达到 90 分。除此之外，旷课次数不能超过 5 次。

（2）申请签证的时候，请带上护照和体检报告。除此之外，还要准备签证费。

（3）考试开始之前，把书包、学习材料、手机等都放到教室讲台前面。除此之外，手机一定要关机！

知识5 Tip 5

“一方面……，（另）一方面……”

“一方面，狗确实可爱，但另一方面，养狗会带来很多麻烦。”

“一方面……，（另）一方面……”，关联词语，连接并列的两种相互关联的事物，或一个事物的两个方面。后面常有副词“又”“也”“还”。例如：

（1）在学校住，一方面比较便宜，另一方面也很方便。

（2）假期里，同学们一方面要好好休息，另一方面也要复习功课。

（3）你一方面说不太喜欢他，另一方面又常常跟他来往。

（4）手机一方面方便了我们的生活，另一方面又浪费了我们很多时间。

知识6 Tip 6

教学视频

“差点儿”

“我小时候就差点儿被一只大狗咬伤”

“差点儿”，副词，表示某种事情几乎发生而没有发生，或几乎不能实现而终于实现，具体分为以下几种情况：

1. 表示不希望实现的事情几乎发生而没有发生，有庆幸的意思。动词用肯定式或否定式，意思相同。例如：

（1）差点儿（没）闹笑话。——事实是没闹笑话。

（2）差点儿（没）答错。——事实是没答错。

（3）差点儿忘了去拿快递。——事实是没忘。

2. 表示希望实现的事情几乎不能实现而最终却实现，有庆幸的意思。动词用否定式。例如：

(4) 差点儿没见着喜欢的明星。——事实是见到了。

(5) 差点儿赶不上火车。——事实是赶上了。

(6) 差点儿没写完作业。——事实是写完了。

3. 表示希望实现的事情几乎实现而最终没有实现，有惋惜的意思。动词用肯定式，前面常用“就”。

(7) 差点儿就见到了。——事实是没见到。

(8) 差点儿就得满分了。——事实是没得满分。

(9) 差点儿拿了第一名。——事实是没拿到第一名。

知识7 Tip 7

“像”

“一只是有黄色斑纹的，像小老虎似的”

“像”的意思是“好像，仿佛”，可和“一样”“一般”“似的”搭配。例如：

(1) 她笑起来的眼睛像月亮一样。

(2) 老人疼我像疼自己的孩子一般。

(3) 我好像在哪儿见过他似的。

练习 Exercises

1. 看图写词。 Write words according to the pictures.

(　　　　) (　　　　) (　　　　)

(　　　　) (　　　　) (　　　　)

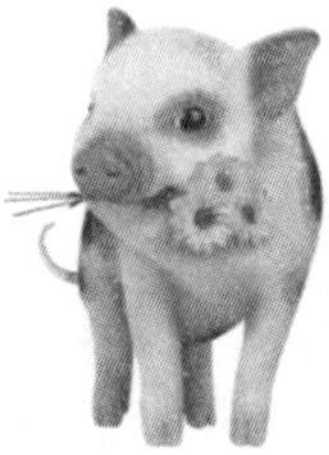

(　　　　) (　　　　) (　　　　)

你还养过什么宠物？________________________________

2. 最佳主人。 The best owner.

说一说，写一写，如果你养狗，你可以为小狗做什么？

(　　　　)　(　　　　)　(　　　　)

(　　　　)　(　　　　)　(　　　　)

 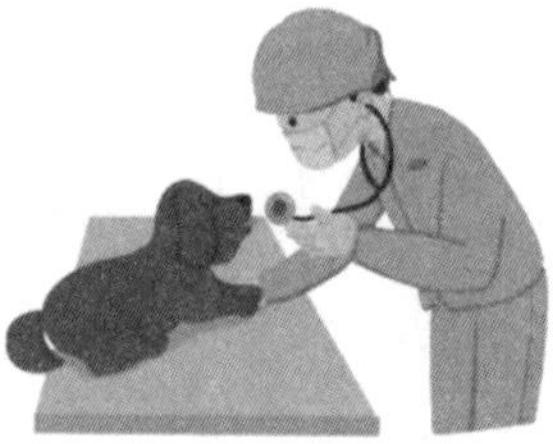 

(　　　　)　(　　　　)　(　　　　)

提示：我可以……　　我可以为小狗……

我还可以帮小狗……

3. 选词填空。 Choose the right words to fill in the blanks.

养	调皮	忠诚	确实	愿望	训练	默默	人类
隔壁	孤单	乖	意见	允许	差点儿	随地	指令

我一直以来有一个__(1)__，就是__(2)__一条狗，因为狗不但聪明可爱，而且对主人很__(3)__，我认为狗是__(4)__最好的朋友。所以，我跟室友商量在房子里养一条狗。

可是我的室友不太喜欢狗，一方面，他小的时候__(5)__被狗咬伤，虽然最后没被咬到，但他到现在还有点儿怕狗；另一方面，他觉得狗太__(6)__了，喜欢乱咬东西、乱叫，还常常__(7)__大小便。

室友担心的这些问题__(8)__有，但我告诉他，我们可以__(9)__小狗，教它规矩，教它听__(10)__。教好了以后，小狗就会变__(11)__，听主人的话，就像我们__(12)__王阿姨家的阿福一样。而且，有了小狗以后，当我心情不好的时候，它会在我身边__(13)__陪着我，不会让我那么__(14)__。室友最后同意了我的想法，他说他没有__(15)__，但我得先确定房东是否__(16)__。

4. 用"乱＋V."写句子。 Make sentences with the structure of "**乱＋V.**".

1. 

药　吃

____

2.  咬

3.  垃圾 扔

4.  单车 放

5. 

买

6.  写 画

5. 请用“差点儿”写句子。 Make sentences with **“差点儿”**.

(1) 今天出门的时候，有一辆车向我开过来，还好没撞到我。

____

(2) 逛街的时候，钱包掉到地上了，旁边的人提醒我，我才知道。

____

(3) HSK 考试总分 300 分，180 分通过，我得了 180 分。

____

(4) 足球比赛本来我们要赢了，最后 10 分钟对方进球，变成了平局。

____

(5) 我最喜欢的明星来我们公司做节目，但我那天刚好出差了。

____

6. 按要求回答问题。 Answer the questions as required.

(1) A：你为什么选择他/她做你的男朋友/女朋友？（除此之外）

B：______________________________

(2) A：学好中文有什么好处？（除此之外）

B：______________________________

(3) A：为什么越来越多的人喜欢在网上买东西？（除此之外）

B：______________________________

(4) A：我喜欢狗，你呢？（一方面……另一方面……）

B：我更喜欢猫，______________________________

(5) A：出国留学挺好的，你怎么那么犹豫呢？（一方面……另一方面……）

B：______________________________

（6）你觉得手机对人们的生活有什么影响？（一方面……另一方面……）

B：______________________________

（7）你打算去超市买什么？（……什么的）

B：______________________________

（8）你回家会帮妈妈做些什么？（……什么的）

B：______________________________

7. 选择合适的词语改写句子。 Choose the right words to rewrite the sentences.

全身	享受	凶	省心	除此之外
默默	似的	呼噜	心有余悸	自娱自乐

（1）他睡着了以后会发出很大的声音。

____

（2）一个人在家的时候，我也能自己玩得很开心。

____

（3）下雨忘了带伞，我从头到脚都淋湿了。

____

（4）小时候出过车祸，到现在我坐车想起来还觉得害怕。

____

（5）我邻居的狗喜欢对着人叫，真吓人。

____

（6）在学校住方便又便宜，而且更安全。

____

（7）他从小就是个听话的孩子，没让父母担心烦恼过什么。

____

（8）妻子说自己想法时，丈夫总是在旁边听着，什么话也不说。

____

（9）她不是我姐姐，但像姐姐那样照顾我。

____

（10）我很喜欢我现在的生活。

____

8．猫狗大战。Cats vs. dogs.

根据课文中猫狗的特点，填写表格。

评价	狗	猫
好	例如：陪着我们	例如：爱干净
坏	例如：喜欢乱咬	例如：爱掉毛

9．角色扮演。Role play.

两个同学一组，一个人扮演爸爸或妈妈，另一个人扮演孩子。孩子想养一只宠物，尽力说服父母同意，父母则想办法拒绝孩子的要求。

提示：……多可爱啊！　除此之外　随地　帮　允许　……

10．仿写。Imitative writing.

我们家以前有两只小猫，特别漂亮，一只是有黄色斑纹的，像小老虎似的；另一只全身雪白，毛茸茸的，可爱极了。它们喜欢给自己“洗脸”，喜欢自娱自乐，一根绳子就能玩半天。不过，它们也有黏人的时候。每次我坐在沙发上，它们就会在我脚边蹭来蹭去，还经常跳到我身上，让我抱着它们。如果我给它们按摩，它们还会舒服地眯起眼睛，发出呼噜声，一副很享受的样子。

请模仿上面这段课文，写一写你的宠物，不少于100个字。

第四课　我不喝酒

I don't drink

课前热身 Warming up

你喝酒吗？你觉得喝酒好不好？Do you drink? What do you think of drinking?

生词 New words

1	贸易*	màoyì	名	trade
2	关系	guānxì	名	relationship
3	快速	kuàisù	形	quick, fast
4	之间	zhī jiān		between, among
5	酒量*	jiǔliàng	名	tolerance to alcohol

6	醉	zuì	动	to get drunk
7	脸红	liǎnhóng	动	to blush
8	对于	duìyú	介	for, about
9	好	hào	动	to like to do
10	无法	wúfǎ	动	to be unable to
11	体会	tǐhuì	动	to experience
12	要不	yàobù	连	how about
13	入乡随俗	rùxiāng-suísú		When in Rome, do as the Romans do
14	道理	dàolǐ	名	principle, truth
15	关于	guānyú	介	with regard to, concerning
16	感情	gǎnqíng	名	affection
17	闷	mēn	动	to guzzle
18	舔	tiǎn	动	to lick
19	敬	jìng	动	to propose a toast
20	除非	chúfēi	连	unless
21	职位	zhíwèi	名	position
22	底下	dǐxia	名	bottom
23	按照	ànzhào	介	according to, on the basis of
24	顺序	shùnxù	名	in order of
25	祝酒词*	zhùjiǔ cí		toast

26	合作	hézuò	动	to cooperate, to collaborate
27	兴隆*	xīnglóng	形	prosperous
28	说法	shuōfǎ	名	statement
29	好运	hǎoyùn	名	good luck
30	劝	quàn	动	to persuade
31	好客	hàokè	形	hospitable
32	划拳*	huáquán	动	to play finger guessing game
33	吐	tǔ	动	to speak out, to tell
34	真心	zhēnxīn	名	sincerity, true intention

课文 Text

课文1 Text 1

大卫：听说你要在中国做生意？

阿里：是啊！我打算将来在这里开一家贸易公司。

大卫：那你最好学会喝酒。

阿里：喝酒和做生意有什么关系？

大卫：喝酒可以快速拉近人与人之间的距离，让彼此成为好朋友，这样生意就好谈多了。

阿里：哎呀！我酒量很差，一喝就醉，怎么办？

大卫：酒量是可以练出来的。我以前不喜欢喝酒，而且一喝酒就脸红，于是我每天喝一点儿，现在酒量还不错！

阿里：对于我这样不好喝酒的人来说，实在无法体会喝酒的快乐。

大卫：哈哈！不是为了快乐，是为了交友。要不你跟我一样，先每天喝一点儿，锻炼锻炼酒量。我们还要入乡随俗，多了解本地的酒文化。

阿里：有道理。

课文 2 Text 2

我以前不喝酒，来中国以后，因为要做生意，学会了喝酒。我觉得中国人关于喝酒的一些习惯很有意思。

比如第一杯酒一定要倒满，然后一口喝完，他们常常说："感情深，一口闷，感情浅，舔一舔。"别人给你敬酒，你一定要站起来，这样才显得有礼貌。一杯酒不要同时敬几个人，除非你是长辈或者职位比较高的人。

喝酒的动作也有讲究：右手拿着杯子，左手放在杯子底下，而且自己的杯子一定要比别人的低。喝酒的时候，一般要按照一定的顺序敬酒。敬酒的时候最好说一些祝酒词，比如"祝合作愉快""祝生意兴隆"等。大家的酒杯碰得越响，感情就越好。甚至还有这样的说法：酒瓶里的最后一点儿酒倒给谁，谁就会有好运。

在中国有些地方，主人比较喜欢劝酒，客人喝得越多，越显得主人热情好客。喝到高兴的时候，大家常常唱歌或者划拳，非常热闹。中国还有一句俗话叫"酒后吐真言"，就是说，喝了酒以后说的话才是真心话。所以，你想听谁说真心话，就带他去喝酒吧！

语言知识 Language guidelines

知识1 Tip 1

“对于……来说”

“对于我这样不好喝酒的人来说”

“对于……来说”表示从某人、某事的角度来看，也可以说“对……来说”。例如：

(1) 对于父母来说，没有什么比孩子更重要。

(2) 对于钱不多的人来说，一毛钱也不能乱花。

(3) 幸福对于我来说，就是家人都健健康康、开开心心。

(4) 对于任何一种语言来说，文字的出现都是十分重要的。

知识2 Tip 2

“对于” VS. **“关于”**

相同点：对于和关于都可以用来引进对象或事物。例如：

(1) 大家对于这个问题的意见是一样的。

(2) 关于这个问题，大家的看法是一样的。

(3) 关于这本书，我有一些想法。(对于)

不同点：

1. “对于”着重指出对象及对该对象的态度；“关于”着重指出范围。例如：

(4) 对于这件事，你们还有什么问题？(着重问对方的态度)

(5) 关于这件事，你们还有什么问题？(着重问对方的建议)

(6) 对于我们的学习态度，老师很满意。(关于 ×)

(7) 关于汉字的学习方法，请王老师给大家介绍介绍。(对于 ×)

2. “关于”作状语，只用在主语前；“对于”作状语，用在主语前后均可。例如：

(8) 关于中药，我知道得很少。(我关于中药知道得很少。 ×)

(9) 对于中药，我很感兴趣。(= 我对于中药很感兴趣。)

3. “关于”可以单独作为文章的标题。

(10)《关于中国白酒》

(11)《关于中国白酒的看法》

知识3 Tip 3

“要不”

“要不你跟我一样，先每天喝一点儿”

“要不”，连词，也说“要不然”，同“要么”，表示说话人在某种条件下提出的建议或意愿，有时是两种选择的建议，带有商量的语气。例如：

(1) 要不你去说一下，我说他会不高兴的。

(2) 大家都觉得累，要不我们休息两天再继续吧！

(3) 今天开会得去一个人，要不你去，要不我去。

(4) 要不买，要不回家，不能老在这里逛啊！

知识4 Tip 4

“除非”

“一杯酒不要同时敬几个人，除非你是长辈或者职位比较高的人。”

“除非”，连词，强调某个条件是唯一的先决条件。

1. 除非……，才……。表示一定要这样，才能产生某种结果。例如：

(1) 除非你答应我，我才告诉你。

(2) 除非父母同意，我才能出国留学。

(3) 除非你去，他才会去。

2. 除非……否则［不］……。例如：

(4) 除非你去，否则我不去。

(5) 除非你帮忙，否则我们完成不了这个工作。

(6) 除非太阳从西边出来，否则你别想跟他在一起。

知识5 Tip 5

“一定（的）”

“喝酒的时候，一般要按照一定的顺序敬酒。”

“一定”，形容词，表示“固定的”，只修饰名词，通常要带

“的”。例如：

（1）要达到一定的要求才能申请奖学金。

（2）来到这里我们就应该遵守一定的规矩。

（3）植物的生长跟水分、阳光等都有一定的关系。

“一定”作形容词还可以表示“某种程度的，适当的”。只修饰名词，常常带“的”。例如：

（4）这种技术已经有了一定的提高。

（5）我准备在一定的场合发表我的意见。

（6）要努力到一定程度才能成功。

知识 6 Tip 6

“越 A 越 B”

“大家的酒杯碰得越响，感情就越好。”

“越 A 越 B”表示在程度上 B 随 A 的变化而变化，一般分为以下两种情况：

1. A 和 B 的主语不同。例如：

（1）你学得越努力，成绩就越好。

（2）大家越讨论，问题就越明确。

（3）不知道怎么回事，他说话声音越大，我们越听不清楚。

2. A 和 B 的主语相同。例如：

（4）艾文的中文越说越流利。

（5）雨越下越大。

（6）现在老百姓的生活越过越好。

注意："越……越……"已经表示程度高的意义了，不能再用程度副词来修饰谓语。例如：

（7）她越长越很漂亮。（×）

练习 Exercises

1. **选词填空。** Choose the right words to fill in the blanks.

兴隆	无法	热闹	俗话	之间	体会
合作	劝	职位	按照	关系	道理

（1）她和男朋友分手了，非常难过，我们总是（　　　　）她不要想那个人。

（2）（　　　　）这里的规矩，年轻人吃饭一定要先等老人动筷。

（3）朋友开了一家咖啡店，我们一起祝他生意（　　　　）。

（4）春节的时候，商场里非常（　　　　）。

（5）虽然爷爷已经去世一年了，但我还（　　　　）相信他已经离开了我们。

（6）我不认识他，我们（　　　　）没有任何（　　　　）。

（7）他的（　　　　）比我高很多。

（8）中国有一句（　　　　）叫“酒后吐真言”。

（9）你没有经历过这种痛苦，就无法（　　　　）我的心情。

（10）我们公司和他们常常（　　　　），所以大家都很熟。

（11）做事情要讲（　　　　），不能你想怎么做就怎么做。

2. 用“对于”或“关于”完成下列句子。Complete the sentences with “**对于**” or “**关于**”.

（1）（　　　　）这方面的情况，你可以到网上查查资料。

（2）他最近看了一些（　　　　）中国经济的新闻。

（3）（　　　　）这个问题，你要认真地思考。

（4）阿里（　　　　）中国书法很感兴趣。

（5）所有（　　　　）他的消息，网上都找不到。

（6）大家（　　　　）申请奖学金这件事都很关心。

3. 完成句子。Complete the sentences.

（1）坐地铁太挤了，________________。（要不）

（2）天气预报说今天会下雨，________________。（要不）

（3）________________，我劝不了她了。（要不）

（4）学中文的时间越长，________________。（越……）

（5）你看的书越多，________________。（越……）

（6）我家门口的那棵树________________。（越 A 越 B）

（7）别紧张，________________。（越 A 越 B）

4. 句子接龙。Sentence solitaire.

用“越……越……”进行句子接龙。老师可以指定一个学生先用“越”说一个小句子，其他学生再按顺序依次接龙，比如“我睡得越晚”“早上越不想起床”……

5. 完成对话。Complete the dialogues.

（1）A：周末跟我一起去爬山吧？

B：________________________________。（除非……才……）

（2）A：你穿这件衣服很好看，为什么不买呢？

B：________________________________。（除非……才……）

（3）A：我想找他帮忙，你觉得怎么样？

B：______________________________。（除非……否则……）

（4）A：听说这里的日出很漂亮，咱们明早起来看吧？

B：______________________________。（除非……否则……）

（5）A：怎么艾文周末总是待在宿舍里，不出去玩？

B：______________________________________。（除非……）

（6）A：你觉得怎么样做才能成功？

B：______________________________________。（除非……）

6. 选择合适的词语改写句子。Choose the right words to rewrite the sentences.

将来	好	愉快	入乡随俗
酒量	闷	好客	真心

（1）我觉得胸口不舒服，得出去走走。

____

（2）祝愿你在未来的日子里，工作和生活一切顺利。

____

（3）运动会对于我这种不喜欢运动的人来说，就是去给别人加油的。

____

（4）我对你说的话都是心里想的，没骗你。

____

（5）长辈常教我，到一个新的地方就应该尊重那里的风俗习惯。

____

（6）这次跟朋友的旅行非常开心。

____

（7）村民们的热情友好，给我们留下了很深的印象。

____

（8）别劝我喝酒，我喝不了多少，一喝就脸红。

____

7. 下面有“酒”的短语是什么意思，请查一查，并写下你的理解。 What is the meaning of **“酒”** in each phrase? Please do your research and write down your understanding.

（1）敬酒不吃吃罚酒

____

（2）酒香不怕巷子深

____

（3）今朝有酒今朝醉

____

（4）酒逢知己千杯少

____

（5）一醉解千愁

____

（6）举杯销愁愁更愁

____

8．阅读短文，回答问题。 Read the passage and answer the questions.

序号	中文	汉语拼音	英文
1	希腊	Xīlà	Greece
2	甘草	gāncǎo	licorice
3	晃动	huàngdòng	sway
4	液体	yètǐ	liquids
5	著名	zhùmíng	famous
6	烈酒	liè jiǔ	strong drinks
7	度数	dùshu	number of degrees
8	香槟	xiāngbīn	champagne
9	喜庆	xǐqìng	joyful
10	大麦	dàmài	barley
11	乳胶	rǔjiāo	emulsion
12	酿	niàng	to make

希腊人喜欢喝酒，而且是白酒。希腊最有名的酒叫“乌佐”，42

度，有一些甘草香味，喝之前要放一些冰块，然后轻轻晃动几下，透明的液体就会变白，喝起来味道不错。俄罗斯以生产“伏特加”著名。伏特加是烈性酒，度数很高，喝了以后，喉咙就像着了火一样。俄罗斯人喝酒习惯用大杯，而且要干杯。法国人喝酒喜欢细品慢饮，他们一定要把酒从舌尖慢慢滑到喉头，越是好酒越要慢慢喝。法国的香槟葡萄酒是世界闻名的。香槟是为喜庆准备的，只要遇到喜庆的事，法国人就打开香槟，举杯庆祝。德国以啤酒闻名，德国啤酒是大麦制成的。大麦吃多了人容易发胖，德国人因为喝多了啤酒，容易有啤酒肚。墨西哥人也很爱喝啤酒，啤酒不但是他们的饮料，也是食料。墨西哥啤酒很特别，他们的啤酒是龙舌兰做的，呈乳胶状，而且酿好后当天就要喝掉。日本人把喝酒当成工作，每天下班，一定先去酒吧，很多重要的事情都是在酒吧里谈成的。

（1）文章介绍了哪几个国家的酒？

____

（2）“乌佐”要怎么喝？

____

（3）“伏特加”是什么样的酒？

____

（4）法国人怎么喝酒？

____

（5）德国啤酒是由什么制成的？

____

（6）为什么说墨西哥的啤酒很特别？

____

9. 请介绍你们国家的一种酒或者饮料。 Please introduce one kind of alcohol or drinks from your country.

10. 谁是功夫之王？ Who is the kung fu King?

看电影《醉拳》，模仿醉拳片段，全班投票，选出功夫之王。

11. 辩论。 Debate.

请学生们自由讨论“喝酒好不好”这个话题。

第五课　看中医

Go to see a doctor of traditional Chinese medicine

课前热身 Warming up

你看过中医吗？你知道中医看病的方法吗？Have you ever go to see a doctor of traditional Chinese medicine ? And what do you know about it?

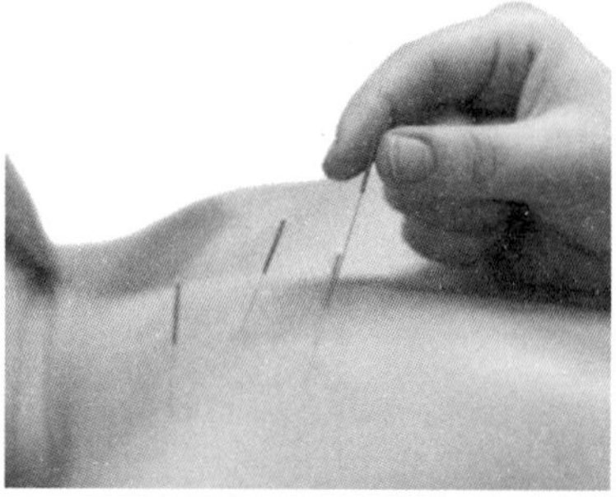

生词 New words

1	晕	yūn	形	faint, giddy
2	情况	qíngkuàng	名	situation, condition
3	中医院	zhōngyī yuàn		traditional Chinese medical hospital

4	的确	díquè	副	indeed
5	精神	jīngshen	名	consciousness
6	神奇	shénqí	形	magical
7	手腕*	shǒuwàn	名	wrist
8	按	àn	动	to press on
9	把脉*	bǎmài	动	to feel the pulse
10	舌头	shétou	名	tongue
11	脸色	liǎnsè	名	complexion
12	利用	lìyòng	动	to make use of, to use
13	医疗	yīliáo	动	to have medical treatment
14	对症下药*	duìzhèng-xiàyào		an adequate remedy for the disease
15	要命	yàomìng	动	to be perished with
16	讨厌	tǎoyàn	动	to loathe
17	良药苦口*	liángyào kǔkǒu		good medicine is bitter
18	良	liáng	形	good
19	不适	búshì	形	uncomfortable
20	趟	tàng	量	a measure word for trip
21	日常	rìcháng	形	daily
22	作息	zuòxī	动	to work and rest
23	消化	xiāohuà	动	to digest
24	针灸*	zhēnjiǔ	名	acupuncture and moxibustion
25	安慰	ānwèi	动	to comfort

26	穴位*	xuéwèi	名	acupoint
27	治病	zhì bìng		to cure disease
28	细	xì	形	thin, slender
29	银针	yín zhēn		silver needle
30	扎	zhā	动	to prick, to stab
31	某	mǒu	代	certain, some
32	艾*	ài	名	moxa
33	轻松	qīngsōng	形	easy, relaxed
34	紧张	jǐnzhāng	形	nervous
35	疼痛	téngtòng	形	aching, painful
36	好奇	hàoqí	形	inquisitive, curious
37	治疗	zhìliáo	动	to cure
38	包括	bāokuò	动	to include, to cover
39	拔	bá	动	to pull out
40	火罐*	huǒguàn	名	cupping jar
41	刮痧*	guāshā	动	a popular treatment for sunstroke by scraping the patient
42	推拿*	tuīná	动	to massage
43	与	yǔ	连	with, and
44	注重	zhùzhòng	动	to lay stress on, to lay emphasis on
45	经过	jīngguò	动	to pass, to go through

课文 Text

课文1 Text 1

米亚：最近我的身体很不舒服，头晕晕的，晚上常常失眠。

安娜：你去看医生了吗？

米亚：看了，还做了检查，医生说没什么问题。听朋友说我这种情况去中医院看大夫更好。

安娜：嗯，中医的确不错。去年我有段时间跟你一样，晚上睡不好，白天没精神，后来去看了一次中医，医生给我开了一些药，吃了几天就好多了。

米亚：这么神奇？我听说医生把手放在你的手腕上按一按就知道你得了什么病。

安娜：哈哈，那叫把脉！除了把脉，他们也会看你的舌头和脸色，必要的时候，还会利用现代医疗技术给你做身体检查，然后对症下药。

米亚：听说中药苦得要命，我最讨厌吃苦的东西了。

安娜：别担心，有的苦，有的不苦。中国人常常说“良药苦口”。

米亚：“良药苦口”是什么意思？

安娜：就是说，好的药一般都是苦的。

米亚：哦！原来是这样！

课文2 Text 2

米亚最近身体不适，听朋友的建议，去了一趟中医院。医生为米亚把了把脉，看了看她的舌头，还问了问她的日常饮食和作息，然后医生说没什么大毛病，只是有点儿消化不良，可以不用吃中药，针灸就好了。米亚以前听说过针灸，但一直没尝试过，担心会很疼。医生安慰她说："放心吧，不疼的。"

按照中医的说法，人体有很多穴位，针灸就是通过刺激穴位来治病，有时候是用一根细细的银针，扎在身体的某些穴位上；有时候是用艾灸的方法。针灸过后，身体会感觉轻松、舒服。

刚开始扎针的时候，米亚很紧张，医生告诉她要放松。米亚慢慢适应了以后，真的感觉不到一点儿疼痛。扎完针后，米亚觉得身体轻松多了。她很好奇中医治疗为什么有这么好的效果。医生告诉米亚中医治病还有很多方法，包括拔火罐、刮痧、推拿等。与西医不同的是，中医注重身体各部分的相互影响，并不是"头痛医头，脚痛医脚"。经过这次针灸治疗，米亚打算把中医推荐给更多的人。

语言知识 Language guidelines

知识 1 Tip 1

"的确"

"中医的确不错"

"的确"，副词，意思是"完全，确实；实在"，表示十分肯定。

1. 用在动词、形容词前。例如：

（1）这本书的确好。

（2）这事我的确不知道。

（3）他最近的确有进步。

注意：单音节动词必带其他成分。例如：

（4）他的确来过，我看见的。

（5）小明的确吃得不少。

2. 用在句首，加强语气，后有停顿。例如：

（6）的确，他就是这样一个坚持己见的人。

（7）的确，那时候，我有过这样的想法。

3. 有重叠形式“的的确确”。例如：

（8）现在的生活的的确确比过去好多了。

（9）他的的确确为你的事忙了好几天。

“的确” VS. **“确实”**

“确实”可作形容词和副词，“的确”只能作副词。例如：

（10）这是个确确实实的消息。（的确 ×）

（11）情况确实吗？（的确 ×）

知识 2 Tip 2

“形容词 + 多 + 了”

“医生给我开了一些药，吃了几天就好多了。”

“形容词 + 多 + 了”和“形容词 + 得 + 多”，都表示相差的程度大，用于比较。例如：

（1）这条鱼比那条新鲜多了。

（2）这孩子胖多了。

（3）家乡有了这条铁路以后可方便多了。

（4）我们走小路比你们近得多。

（5）这款手机现在便宜得多。

知识3 Tip 3

“来”

“针灸就是通过刺激穴位来治病”

“来”用在动词结构（或介词结构）与动词（或动词结构）之间，表示前者是方法、方向或态度，后者是目的。例如：

（1）你用什么方法来帮助他？

（2）我打算送她一个礼物来让她高兴。

（3）我们可以通过多说多读的办法来提高中文水平。

知识4 Tip 4

“经过”VS.“通过”

1.“经过”可以作名词，“通过”不能。例如：

（1）你把事情的经过说一下。（通过 ×）

2. 作动词时，“通过”强调穿过，而“经过”只是路过，从旁而过。例如：

（2）火车安全地通过了大桥。（经过 ×）

（3）我经过她的办公室，看见她正边哭边写着什么。（通过 ×）

3. “经过”表示延续，有历时性含义，后面可以接时间性词语，“通过”没有这个含义。例如：

（4）从父亲早上发病到送到医院，中间整整经过了 13 个小时。（通过 ×）

4. “通过”有“同意或承认”（议案等）的意思，经过没有这个意义。例如：

（5）大会通过了这个报告。（经过 ×）

（6）我终于通过了这次考试。（经过 ×）

5. “通过”作介词时，介词宾语多是人、事、活动、方式和手段等。“经过”的宾语多是经历、过程。其结构为：

通过 ＋人、事、方式/手段→结果/目的

经过 ＋经历、过程→结果/变化

例如：

(7) 商家通过广告向顾客推销产品。(经过 ×)

(8) 我们可以通过邮件联系。(经过 ×)

(9) 通过他，我认识了小明。(经过 ×)

(10) 经过一个月的治疗，奶奶的病总算好转了。(通过 ×)

(11) 经过激烈的比赛，我们最终拿到了冠军。(通过 ×)

(12) 经过再三考虑，他答应了朋友的要求。(通过 ×)

练习 Exercises

1. 认一认，写一写。Read and write.

打 扔 扎 拉 推 按 拔 插 刮

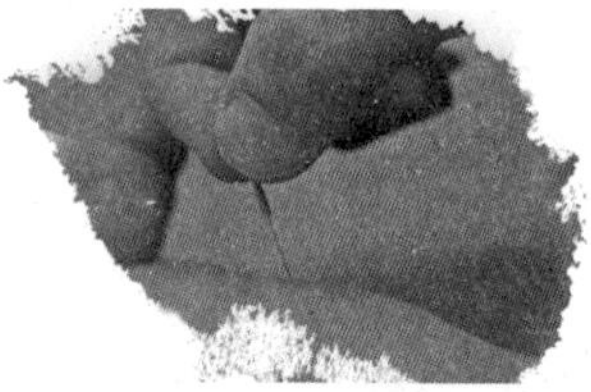

(　　　　)

(　　　　)

(　　　　)

(　　　　)

(　　　　)

(　　　　)

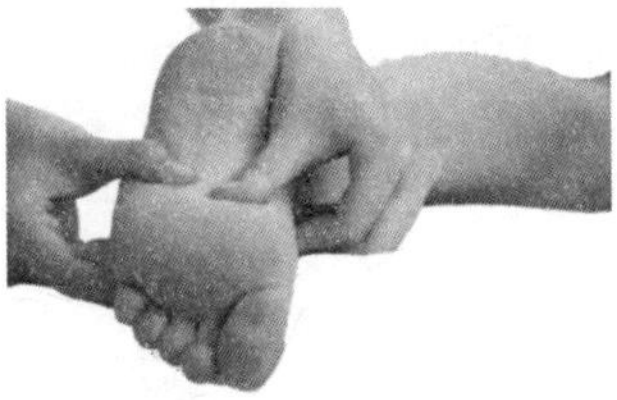

(　　　　)　　(　　　　)　　(　　　　)

2．选词填空。Choose the right words to fill in the blanks.

A.

利用　注重　包括　精神　安慰　脸色　整体　轻松

(1) 我打算（　　　　）暑假的时间准备 HSK 五级。

(2) 中医治病的方法（　　　　）针灸、推拿和拔火罐等。

(3) 失败的时候，家人和朋友的（　　　　）特别重要。

(4) 安娜是不是不舒服？你看她（　　　　）很差。

(5) 终于考完了，现在我觉得非常（　　　　）。

(6) 你昨天晚上没睡好吗？怎么看起来没（　　　　）？

(7) 找对象不要只（　　　　）外表，要多看看人怎么样。

(8)（　　　　）来看，这篇文章还是不错，只有一些小地方需要修改。

B.

(1) 效果　　结果

我已经吃了好几天的药了，还是头疼，一点儿（　　　　）也没有。

（2）次　　趟

你等我一下，我回一（　　　　）宿舍拿手机 。

（3）注重　　注意

老师非常（　　　　）训练学生们的动手能力。

（4）拔　　按

这个开关不太好，要用力（　　　　）。

（5）日常　　平常

妈妈每个周末都要去超市买（　　　　）生活用品。

（6）好奇　　神奇

弟弟很（　　　　）我是怎么把一百块变成五十块的。

（7）放松　　轻松

紧张的时候通过深呼吸让自己（　　　　）。

（8）确实　　的确

这件事是真的吗？有（　　　　）的消息吗？

（9）感受　　感觉

我（　　　　）安娜最近不太开心，她是不是想家了？

3. 用“通过”或“经过”完成下列句子。Complete the sentences with “**通过**” or “**经过**”.

（1）我（　　　　）朋友认识了大卫。

（2）给我们说说你的面试（　　　　）吧。

（3）（　　　　）多年的努力，他开了一家自己的公司。

（4）现在的人们都（　　　　）手机上网购物。

（5）（　　　　）紧张的抢救，他终于活下来了。

（6）由于没有好好准备，他没有（　　　　）这次考试。

（7）街上人太多了，汽车（　　　　　）不了。

（8）火车（　　　　　）南京到上海。

4．完成对话。 Complete the dialogues.

（1）A：听说你前段时间身体不好？最近怎么样了？

B：________________________________。（形容词 + 多 + 了）

（2）A：你不是说要买那条白色的裙子吗？怎么买了这条黑色的？

B：________________________________。（形容词 + 得 + 多）

（3）A：来中国半年了，习惯了吗？

B：________________________________。（形容词 + 多 + 了）

（4）A：上次考试比较容易，这次考试太难了！

B：________________________________。（形容词 + 得 + 多）

（5）A：好像班长的生日快到了。

B：____________________________________。（……来……）

（6）A：你打算用什么办法提高你的中文水平？

B：____________________________________。（……来……）

5．选择合适的词语改写句子。 Choose the right words to rewrite the sentences.

对症下药	要命	讨厌	精神
趟	不适	效果	某

（1）怎么你看起来很困的样子？

____

（2）这种药很有用，吃了以后肚子就不疼了。

____

（3）世界上有一些地方，还有人吃不好，穿不好。

____

（4）如果身体不舒服，就请个假，回去好好休息。

____

（5）我上个月去北京出了差，然后就回来了。

____

（6）我特别不喜欢只想着自己，不为别人考虑的人。

____

（7）我从来没在这么多人面前唱歌，紧张得不得了。

____

（8）医生详细地查问病人情况，就是为了针对病症开药。

____

6. 句子排序。Arrange the sentences in order.

（1）A. 在热天和冷天，孩子的身体需要水的多少是不一样的。

B. 喝水要分季节。

C. 但如果是冬天，孩子没有出什么汗，喝那么多水干什么？

D. 天热的时候，孩子出汗多，当然要多喝水。（　　）

（2）A. 所以一些父母自己的心情不好，就会对孩子造成影响。

B. 但是很多人并没有注意到这个问题。

C. 因为人们生活和工作的压力都非常大。

D. 现在，孩子们的心理问题越来越多。（　　）

（3）A. 扎完针后，我觉得舒服多了。

B. 刚开始扎针的时候，我很紧张。

C. 当我慢慢适应了以后，真的感觉不到一点儿疼痛。

D. 医生告诉我不要怕，越放松越不痛。（　　）

7. 选词填空。 Choose the right words to fill in the blanks.

从来	穿	根据	本	请	意见
查找	带	种	翻译	兴趣	各

李时珍（1518—1593）是中国明代非常有名的中医药学家。他从小就非常喜欢读医书。他读了很多医书，然后＿＿（1）＿＿自己看的书和诊疗经验，写出了《本草纲目》。

1551—1557 年，皇帝要找好的医生去太医院工作，于是在武昌的李时珍也被人＿＿（2）＿＿到了北京。在这期间，他非常认真地研读医书，＿＿（3）＿＿资料。在那儿他看到了很多以前＿＿（4）＿＿没见到过的中药。后来因为他不喜欢太医院的环境，而且他对当官也没有＿＿（5）＿＿，所以就辞职回家了。

在写《本草纲目》的时候，他＿＿（6）＿＿着草鞋，＿＿（7）＿＿着学生和儿子，走了很多很多地方，听了很多人的＿＿（8）＿＿，看了 800 多种书，用了 27 年，在他 61 岁那年（1578）终于写出这＿＿（9）＿＿书。李时珍的《本草纲目》一共介绍了 1892 ＿＿（10）＿＿中药，而且都有图片。被＿＿（11）＿＿成很多国家的文字，传到世界＿＿（12）＿＿国。

8. 本草中国。 The tale of Chinese medicine.

老师选择一集《本草中国》的纪录片让学生观看，学生们根据纪录片内容完成下表。

药名	产地	药物功效	服用禁忌

9. 小记者。Interview.

采访你的中国朋友（或者去大街上随机采访3～5位中国人），向他们了解一下中医，并把你了解的情况记录下来。

例如：你看过中医吗？中医是怎么治病的？你觉得中医治疗的效果怎么样？你会把中医推荐给你的外国朋友吗？……

第六课　学中文的好方法

Good ways to learn Chinese

课前热身 Warming up

你有什么学中文的好办法？Do you have any good ways to learn Chinese？

生词 New words

1	懂	dǒng	动	to understand，to know
2	压力	yālì	名	pressure
3	下决心	xià juéxīn		to make up someone's mind
4	旷课	kuàngkè	动	to be absent（from school）

5	集中	jízhōng	动	to focus on
6	注意力	zhùyì lì		attention
7	讲课	jiǎngkè	动	to give a lesson
8	笔记	bǐjì	名	notes
9	立马	lìmǎ	副	immediately
10	离开	líkāi	动	to leave
11	行为	xíngwéi	名	behavior
12	惹	rě	动	to provoke
13	小卖部	xiǎomàibù	名	a small shop attached to a school, factory, theatre, etc.
14	顾客	gùkè	名	customer
15	店员	diànyuán	名	shop assistant
16	办法	bànfǎ	名	method, means
17	分享	fēnxiǎng	动	to share
18	抄写	chāoxiě	动	to copy, to transcribe
19	记性	jìxing	名	memory
20	不如	bùrú	动	to be inferior to
21	烂	làn	形	torn to pieces, worn-out
22	理解	lǐjiě	动	to understand
23	木头	mùtou	名	wood
24	怪不得	guàibude	副	no wonder
25	输入法*	shūrù fǎ		typewriting
26	标准	biāozhǔn	形/名	standard
27	显示	xiǎnshì	动	to show

28	正确	zhèngquè	形	correct
29	逗	dòu	形	funny
30	约定	yuēdìng	动	to make an appoint
31	交流	jiāoliú	动	to communicate
32	口音	kǒuyīn	名	accent
33	配音*	pèiyīn	动	to dub
34	台词*	táicí	名	actor's lines
35	模仿	mófǎng	动	to imitate
36	演员*	yǎnyuán	名	actor, actress
37	心得	xīndé	名	what one has learned from work, study, etc.
38	作文	zuòwén	名	composition
39	随身	suíshēn	形	carry-on
40	背	bèi	动	to recite
41	飞快	fēikuài	形	rapid
42	多亏	duōkuī	动	thanks to
43	缘分*	yuánfèn	名	lot or luck by which people are brought together

课文 Text

课文1 Text 1

我刚来中国的时候，因为听不懂中国人说什么，遇到不少麻烦，常常觉得压力很大，那时候我就下决心一定要把中文学好。

我从不迟到、旷课，上课时集中注意力听老师讲课，认真做笔记，不明白的地方立马向老师请教。对于学过的生词，我每天都会复习，而且尽量找机会多使用生词。

每天一有空儿，我就去找中国人聊天。学校附近的水果店就是我经常练习口语的地方。我去那儿不是为了买东西，只是问一问老板："这是什么？这个怎么卖？这个一斤多少钱？"问完以后，我就离开了。这样去了很多次，这种只问不买的行为把老板惹得不高兴了，他不再回答我的任何问题。于是，我改去学校旁边的小卖部，如果店里没有别的顾客，我就找店员聊天。遇到听不懂的词语或者句子，我一定要问清楚，记下来。

中国有句俗话："世上无难事，只怕有心人。"所以，只要我们下决心学好中文，就一定能找到好办法。

课文2 Text 2

老师：这次中文考试不少同学进步很大，我们请他们来分享一下学习方法吧！小A，你先来说一说。

小A：我觉得汉字很有意思，新学的生词，我每天至少要抄写20遍。俗话说："好记性不如烂笔头。"有时候出去玩，要是看到不认识的汉字，我会马上查词典。遇到难写的汉字，我经常会想这个汉字里面有什么，或者看起来像什么。比如"楼"字就可以理解成：木头房子里，有一个女人，她上楼去做饭。

老师：这些方法能帮助大家更好地理解和记住汉字，怪不得你认得这么多汉字。小B，你呢？口语老师经常跟我表扬你，你有什么好方法？

小 B：原来我的中文发音不太好，所以我利用手机的语音输入法来练习发音。如果我说得标准，手机上会显示正确的句子。

小 C：这是个好办法。有时候我还会用中文跟 Siri 聊天，很好玩。比如有一次，我问 Siri："没有男朋友怎么办？"Siri 竟然告诉我，每天都有很多人问他这个问题，希望我听到这样的回答心情好一点儿，太逗了！

小 D：我没有试过跟手机聊天，但是我喜欢跟不同国家的同学出去玩儿，我们约定在一起只能说中文。我也喜欢跟快递员交流，不过他们说话有口音。听不懂的时候，我就请他们说慢一点儿。

小 E：我试过口语老师推荐的配音 App，先学习里面的台词，然后模仿演员说话，特别有意思。

老师：看来大家对于口语学习都很有心得。小 F，你的作文每次都写得不错，你有什么好方法？

小 F：我常常把看到或学到的好句子记在小本子上，随身带着，有空的时候就拿出来看一看、背一背。我觉得背句子比记词语更有用。现在我已经有六个小本子了。

小 J：我觉得什么办法都不如找一个中国女朋友。我的中文进步飞快，多亏了我的女朋友。

老师：哈哈，这个办法好是好，不过得看缘分。

语言知识 Language guidelines

知识1 Tip 1

“立马”VS.“马上”

相同点：“立马”和“马上”都可以表示事情即将或很快发生，也可以表示前一件事发生后，后一件事接着发生。例如：

（1）听她这么说，小王马上就答应了。（立马）

（2）你们两个给我立马把她找回来。（马上）

不同点：“立马”指的是某件事情眼前就要发生，时间非常非常短。而“马上”所强调的时间短是相对的，有时只是说话人心中认为时间很短，实际上可能并不短，可能是几天，几十天。例如：

（3）冬天过去了，春天马上就要到了。（立马 ×）

（4）我马上就要毕业。（立马 ×）

（5）事情打听清楚了，马上给我回个话。（立马）

知识2 Tip 2

“世上无难事，只怕有心人”

“中国有句俗话：‘世上无难事，只怕有心人。’”

“世上无难事，只怕有心人”的意思是只要下决心去做，世界上没有很难做到的事情。常常用来鼓励人努力向上，不要害怕困难。例如：

(1) 虽然汉字很难写，但是我相信“世上无难事，只怕有心人”，只要我认真学习，我的汉字一定会学好。

(2) 爷爷六十多岁了才开始学习英语。他说“世上无难事，只怕有心人”。经过两年的学习，他现在已经可以跟外国人聊天了。

知识3 Tip 3

“办法” VS. **“方法”**

“办法”和“方法”都是指处理事情、解决问题的手段和措施等。在解决、处理的具体对象和意义特点上各有侧重。

“办法”在意义上主要是针对某种具体问题的手段、措施等，具有具体直接的可操作性。例如：

(1) 大家一起动动脑筋，想想办法。

(2) 我有办法在一周内迅速瘦身。

“方法”在意义上通常指处理事情、解决问题时所用的完整、系统的措施，带有体系性的特点。例如：

(3) 锻炼身体的方法有很多种，比如跑步、游泳、打篮球等。

(4) 为了提高教学质量，老师尝试过各种教学方法。

在用法搭配上，“办法”可以与“有”“没”“想”“是”搭配，而“方法”不能。例如：

(5) 真拿他没办法。

(6) 这不是办法。

(7) 快点想个办法。

知识4 Tip 4

“不如”

“俗话说：‘好记性不如烂笔头。’”

A 不如 B（形容词/动词），“不如”在这里表示比较，意思是 A 比不上 B，B 更……。例如：

(1) 我不如小王高。（小王比我高。）

(2) 发信息不如打电话方便。（打电话比发信息更方便。）

比较的结果前面不能加程度副词。例如：

(3) 他的成绩比我好很多。（√）

(4) 我的成绩不如他很多。（×）

知识5 Tip 5

“经常” VS. **“常常”**

“常常”，副词，多用来强调次数多。“经常”，副词，指有连接的、有规律的，强调一贯性。大部分情况下二者可以互换。例如：

(1) 他常常 12 点以后才睡觉。（经常）

(2) 毕业后，我们还常常联系。（经常）

（3）他工作积极，常常受到表扬。（经常）

注意：“经常”还可以作形容词，指日常的、非临时性的，也可以与否定词搭配。例如：

（4）批改作业是老师教学任务中的经常工作。（常常 ×）

（5）这家店我不经常来。（常常 ×）

知识 6　Tip 6

“怪不得”

“怪不得你认得这么多汉字”

“怪不得”作副词时，表示醒悟（明白了原因，不再觉得奇怪）。前后常有表明原因的语句。例如：

（1）下雪了，怪不得这么冷！

（2）怪不得大卫中文说得这么好，原来他在北京住过三年。

（3）我说他怎么那么高兴，原来申请大学通过了，怪不得！

作动词时，表示不能责怪，一定要带名词宾语。例如：

（4）这是我弄错了，怪不得他。

（5）这场球没打赢，怪不得场地，怪不得天气，只怪我们自己水平不够。

练习 Exercises

1. 词语搭配。 Complete the phrases.

分享________________ 模仿________________

显示________________ 飞快________________

集中________________ 约定________________

利用________________ 交流________________

________________压力 ________________正确

________________标准 ________________机会

2. 选词填空。 Choose the right words to fill in the blanks.

A.

离开	演员	背	缘分	台词	交流
约定	口音	随身	显示	逗	行为

（1）他是南方人，所以说普通话有点南方（　　　　）。

（2）现在的人，不管去哪儿都会（　　　　）带着手机。

（3）大卫帮助别人的（　　　　）受到了老师的表扬。

（4）朋友常常安慰单身的我，“别着急，只是（　　　　）还没到”。

（5）我和同学经常在课后（　　　　）学习心得。

（6）他不是一个好（　　　　），连（　　　　）都说错了。

（7）老师要求我们把课文（　　　　）下来。

（8）手机上可以（　　　　）时间和日期。

（9）一年很快就到了，我马上要（　　　　）这里了。

(10) 他这个人特别（　　　　），跟他在一起很开心。

(11) 我跟朋友（　　　　）好，不写完作业就不出去玩。

B.

(1) 下决心　　决定

很多事情，父母都让我自己（　　　　），尊重我的想法。

(2) 立马　　马上

她（　　　　）就要做妈妈了。

(3) 行为　　动作

撞到人却不道歉的（　　　　），真的让人很生气！

(4) 办法　　方法

咱们得快点想个解决（　　　　）。

(5) 难怪　　怪不得

是我没有告诉他开会这件事，（　　　　）他。

(6) 显示　　表示

碰一下这个电子表，它就能（　　　　）出你的体温。

(7) 约定　　约会

我常常跟女朋友去电影院（　　　　）。

3. 完成句子。Complete the sentences.

(1) 明天有考试，________________________。（怪不得）

(2) 他有个中国女朋友，____________________。（怪不得）

(3) 我常常在食堂吃饭，____________________。（不如）

(4) 小明有点儿难过，因为这次考试________________。（不如）

(5) 这次来中国旅游，______________________。（多亏）

（6）________________________，我才找到这份工作。（多亏）

4. 选择合适的词语改写句子。Choose the right words to rewrite the sentences.

下决心	模仿	懂	多亏
惹	记性	不如	显示

（1）小美觉得自己太胖了，她决定一定要减肥。

____

（2）如果有不明白的地方，大家可以随时提出来。

____

（3）你看那个牌子上说这里已经没有停车位了，我们只能去别的地方停车了。

____

（4）小明的考试成绩比我好很多。

____

（5）我不知道做了什么，让女朋友不高兴了。

____

（6）我发现年纪越大，越记不住东西。

____

（7）没有妈妈的细心照顾，我的身体没这么健康。

____

（8）哥哥做什么动作说什么话，弟弟也喜欢做一样的。

____

5. 组句。Rearrange the words to form a sentence.

(1) 分享 他们 来 学习 一下 方法 请 吧

____

(2) 的时候 有空 我 拿出来 看一看 就

____

(3) 有用 更 觉得 我 背句子 记词语 比

____

(4) 玩手机 集中 别 学习 的时候 注意力 要

____

(5) 不 惹 把 高兴 得 我 她 了

____

6. 判断对错并改正。Answer the true or false questions and correct the sentences.

(1) 他常常去商店聊天店员。( )

____

(2) 我逛街的时候遇老师了。( )

____

(3) 我请他们说慢慢。( )

____

(4) 只要我努力，就一定能学好中文。( )

____

(5) 如果出现不对的句子，我就要练多几遍。( )

____

（6）我的中文不如我室友很多。(　　)

____

（7）请你帮我拍照一下。(　　)

____

（8）我常常跟同学交流学中文的办法。(　　)

____

（9）她的中文越学越很好。(　　)

____

（10）这件事，我也没办法。(　　)

____

7. 找一找，写一写。Find and write.

找出课文中每一个学生中文学习方法的关键词，并且全班投票，选出大家认为最好的三个学习中文的办法。

例如：

“我”：复习新词语、找中国人聊天

小 A：

小 B：

小 C：

小 D：

小 E：

小 F：

小 J：

8．小记者。Interview.

3～5个同学一组，拍视频采访留学生们（每一组最少采访3个不是自己班上的留学生），问他们是如何学习中文的，有什么特别的方法？然后各组同学在班上分享采访结果。

9．说一说。Talk.

（1）用自己的话复述一下课文中"我"学习中文的故事。

（2）分享或介绍一个你自己学习中文的办法或者故事，写或者说都可以。

第七课　禁止吸烟

No smoking

课前热身 Warming up

说说下面的图片是什么意思。What do the following pictures indicate?

生词 New words

1	禁止	jìnzhǐ	动	to forbid, to prohibit
2	吸烟	xī yān		to smoke
3	抽烟	chōu yān		to smoke
4	明目张胆*	míngmù-zhāngdǎn		in a flagrant way
5	强调	qiángdiào	动	to emphasize

6	专门	zhuānmén	副	specially
7	牌子	páizi	名	brand
8	视而不见	shì'érbújiàn		to turn a blind eye to
9	公共场所	gōnggòng chǎngsuǒ		public place
10	指定*	zhǐdìng	动	to designate
11	随处	suíchù	副	anywhere
12	罚款*	fákuǎn	动/名	to fine；penalty
13	罚	fá	动	to punish
14	严厉	yánlì	形	stern；severe
15	惩罚	chéngfá	动	to punish
16	措施*	cuòshī	名	measure；step
17	政府*	zhèngfǔ	名	government
18	颁布	bānbù	动	issue；promulgate
19	禁烟令*	jìn yān lìng		smoking ban
20	规定	guīdìng	动/名	to stipulate；stipulation
21	出现	chūxiàn	动	to appear
22	香烟	xiāngyān	名	cigarette
23	广告	guǎnggào	名	advertisement
24	未成年人	wèichéngnián-rén	名	minors
25	出售	chūshòu	动	to sell
26	提醒	tíxǐng	动	to remind
27	解决	jiějué	动	to solve
28	导致	dǎozhì	动	to result in；to lead to

29	疾病	jíbìng	名	disease
30	者	zhě	助	person
31	本人	běnrén	代	oneself
32	好处	hǎochù	名	benefit
33	二手烟	èrshǒuyān	名	second-hand smoke
34	危害	wēihài	动	to harm
35	意识	yìshí	动	to realize
36	有害	yǒu hài		to be harmful to
37	仍然	réngrán	副	still
38	酷*	kù	形	cool
39	减轻	jiǎnqīng	动	to relieve, to ease
40	楼道	lóudào	名	corridor
41	感受	gǎnshòu	动/名	to feel; feeling

课文 Text

课文1 Text 1

安娜：老师，我看到很多人在走廊抽烟，咱们教学楼不是禁止吸烟的吗？为什么他们还敢明目张胆地在那儿抽呢？

老师：是的，这个问题确实挺严重的，学校也强调了很多次，还专门做了“禁止吸烟”的牌子挂在那儿，但他们视而不见。

安娜：在我们国家，公共场所是禁止吸烟的，想吸烟的人只能去指定的吸烟区，随处抽烟会被罚款。中国不是这样吗？

老师：中国也是禁止在公共场所吸烟的，但是没有什么严厉的惩罚措施。中国政府还颁布了“禁烟令”，比如：规定电视里不能出现香烟的广告；不能向未成年人出售香烟等。

安娜：好像没什么效果，因为常常看到有人在路上抽烟，我觉得很讨厌。

老师：确实不好，高铁和飞机上是完全禁烟的，如果你在别的公共场所看到有人吸烟，可以提醒他。

安娜：希望这个问题能早日解决。

课文 2　Text 2

吸烟是一种不好的习惯，它会导致各种疾病，不仅对吸烟者本人没有好处，而且会让身边的人吸二手烟，危害他们的健康。尽管越来越多的人已经意识到吸烟有害身体健康，但是仍然有很多人喜欢抽烟。

说到抽烟的原因，有的人认为这是一种时尚，有的人认为抽烟很酷，还有一些人觉得抽烟可以让自己放松心情，减轻压力。我以前受身边朋友的影响，也抽过一段时间，后来发现不仅浪费钱，而且身体也越来越差，嗓子不舒服，老咳嗽。我花了很长时间，试了各种办法，好不容易戒掉了。

现在来到中国学习，每天看到有些人在学校教学楼的楼道里抽烟，就像看到以前的我，特别能理解他们的感受。可是他们忘了，公共场所是禁止吸烟的。我希望他们能为了自己和身边人的健康，把烟戒了，让校园环境变得更好。

语言知识 Language guidelines

知识1 Tip 1

“只能” VS. “只好”

共同点：都可以表示在某种客观条件下被迫选择做某事。例如：

（1）今天他不去了，只能你一个人先去了。

（2）今天他不去了，只好你一个人先去了。

不同点：“只能”表示只具备做某事的主客观条件，或者情理上只允许或要求做某事。“只好”表示在某种情况下，别的选择都行不通了，不得不做某事。例如：

（3）他只能用左手写字。（他不会用右手写字，只会用左手。）

（4）他的右手受伤了，只好用左手写字。

（5）考试时只能用圆珠笔或签字笔答题，不能用铅笔。

（6）他忘了带笔，只好向别人借了一支。

知识2 Tip 2

“什么”

“没有什么严厉的惩罚措施/ 好像没什么效果”

这里的“什么”不表疑问，指不确定的事物或人，一般用于名词前。去掉“什么”意思不变，但语气比较直率。例如：

(1) 别说什么客气话了，有困难就来找我。

(2) 外面好像有什么声音。

(3) 这附近我没发现什么好吃的饭店。

知识3 Tip 3

“A 受 B（的）影响”

“我以前受身边朋友的影响，也抽过一段时间”

“A 受 B（的）影响”是一个常用搭配，其中“受”表示被动，意为“A 被 B 影响”或“B 影响了 A”，B 常为名词或名词短语。“影响”的前面还可以加上程度副词，表示 B 对 A 影响的大小。例如：

(1) 他受哥哥的影响，也喜欢说唱音乐。

(2) 你要坚持自己的梦想，不要受别人的影响。

(3) 日本文字受了中国文字很大的影响。

知识4 Tip 4

“老”

“嗓子不舒服，老咳嗽”

“老”，副词，表示“老是；一直；再三”。例如：

(1) 别老开玩笑，说点儿正经的。

(2) 老给你们添麻烦，真是不好意思。

(3) 我一直想去看望你，可老没时间。

知识5 Tip 5

“好不”

“试了各种办法，好不容易戒掉了”

“好不”，副词，表示程度深，多含感叹语气，限于修饰某些双音节形容词，多用于表示肯定，意思与“好，多么，很”相同。例如：

（1）大街上人来人往，好不热闹。

（2）姐妹俩一见面好不亲热。

（3）为了他好，他还要骂我，让人好不伤心。

注意：一般使用“好不”修饰双音节形容词，多表示肯定，“好不”都可以换成“好”，意思相同。但是“好不容易”和“好容易”都表示否定，表示“很不容易”，跟上面的例子相反。例如：

（4）好不容易才让他同意我的想法。

（5）过去的一个星期，我每天运动、节食，好容易才瘦了两斤。

（6）他复习了很久，好不容易通过了考试。

练习 Exercises

1. **词语消消乐**。Word game.

禁止	严厉	危害	压力
随处	颁布	解决	指定

问题	健康	惩罚	~~法令~~
抽烟	减轻	拍照	场所

例如：颁布法令 ________ ________ ________

________ ________ ________ ________

2. 选词填空。Choose the right words to fill in the blanks.

A.

强调	罚款	措施	出现	意识
好处	解决	指定	明目张胆	有害

(1) 经常吃垃圾食品（　　　　）身体健康。

(2) 在我们公司，迟到一次要（　　　　）五十块。

(3) 多和中国人聊天，对学习中文有（　　　　）。

(4) 面对困难时，我们要想办法（　　　　），而不是放弃。

(5) 出远门时，父母总跟我（　　　　）要注意安全。

(6) 目前中国还没有什么严厉的（　　　　）来禁止公共场所吸烟。

(7) 这张购物卡只能在（　　　　）的商店使用。

(8) 他不停地说着，并没有（　　　　）到女孩已经不高兴了。

(9) 她突然（　　　　）在我们面前，吓了我们一跳。

(10) 他上课的时候（　　　　）地玩手机，被老师批评了。

B.

(1) 随处　　到处

我（　　　　）都找了，就是没找到。

请爱护环境，不要（　　　　）乱扔垃圾。

(2) 发现　　意识

我在学校里（　　　　）了一只可爱的小猫。

说完这句话，他马上（　　　　）到自己说错话了。

(3) 理解　　了解

我希望父母能真正（　　　　）我，支持我的决定。

我们刚认识，彼此不太（　　　　）。

(4) 有害　　危害

过度减肥，对身体健康是（　　　　）的。

千万不要做（　　　　）别人生命的事。

(5) 只能　　只好

我忘了带书，（　　　　）借朋友的一起用。

那个城市还没有高铁和飞机，你（　　　　）坐火车去。

(6) 指定　　规定

不好意思，我们只有（　　　　）的商品才打折哦。

不能在学校里抽烟，这是（　　　　）！

3. 完成句子。Complete the sentences.

(1) 为了给妈妈庆祝生日，____________________。（专门）

(2) 这个房间________________________。（专门）

(3) 已经很晚了，他______________________。（仍然）

(4) 这么多年过去了，____________________。（仍然）

（5）酒后开车＿＿＿＿＿＿＿＿＿＿＿＿＿＿＿＿＿＿＿＿＿。（导致）

（6）他的粗心＿＿＿＿＿＿＿＿＿＿＿＿＿＿＿＿＿＿＿＿＿。（导致）

（7）今天的作业太多了，＿＿＿＿＿＿＿＿＿＿＿＿＿。（好不容易）

（8）地铁里人山人海，＿＿＿＿＿＿＿＿＿＿＿＿＿＿。（好不容易）

（9）＿＿＿＿＿＿＿＿＿，我决定来中国学习中文。（受……影响）

（10）他喜欢唱歌，是＿＿＿＿＿＿＿＿＿＿＿＿＿。（受……影响）

4. 改写句子。Rewrite the sentences.

（1）我挥手跟她打招呼，她看到了却当作没看到我。（视而不见）

＿＿＿＿＿＿＿＿＿＿＿＿＿＿＿＿＿＿＿＿＿＿＿＿＿＿＿＿＿＿＿＿

（2）18 岁以下的孩子不能去酒吧。（未成年人）

＿＿＿＿＿＿＿＿＿＿＿＿＿＿＿＿＿＿＿＿＿＿＿＿＿＿＿＿＿＿＿＿

（3）谢谢你昨天告诉我要准备听写，不然今天我什么也写不出来。（提醒）

＿＿＿＿＿＿＿＿＿＿＿＿＿＿＿＿＿＿＿＿＿＿＿＿＿＿＿＿＿＿＿＿

（4）这里不能拍照！（禁止）

＿＿＿＿＿＿＿＿＿＿＿＿＿＿＿＿＿＿＿＿＿＿＿＿＿＿＿＿＿＿＿＿

（5）我要去北京工作了，正打算把这边的房子卖了。（出售）

＿＿＿＿＿＿＿＿＿＿＿＿＿＿＿＿＿＿＿＿＿＿＿＿＿＿＿＿＿＿＿＿

（6）必须让他自己过来申请办理护照，不能代办。（本人）

＿＿＿＿＿＿＿＿＿＿＿＿＿＿＿＿＿＿＿＿＿＿＿＿＿＿＿＿＿＿＿＿

（7）在人多的地方，要注意财物安全。（公共场所）

＿＿＿＿＿＿＿＿＿＿＿＿＿＿＿＿＿＿＿＿＿＿＿＿＿＿＿＿＿＿＿＿

（8）他总偷懒，被老板骂了。（老）

＿＿＿＿＿＿＿＿＿＿＿＿＿＿＿＿＿＿＿＿＿＿＿＿＿＿＿＿＿＿＿＿

5. **组句。** Rearrange the words to form a sentence.

(1) 北京　在　什么　朋友　我　没有

____

(2) 事　我　不是　告诉　吗　你　这件　过

____

(3) 影响　喜欢　父母　中国　的　受　文化　也　我

____

(4) 时间　才　说服　他　花了　我　很长

____

(5) 早日　他们　希望　把　了　戒　烟　能　为了家人

____

6. **根据短文判断对错。** Answer the true or false questions according to the following passage.

序号	中文	汉语拼音	英文
1	交流	jiāoliú	exchange；interflow
2	熟悉	shúxī	be familiar with
3	陌生人	mòsheng rén	strange
4	工具	gōngjù	instrument
5	沟通	gōutōng	communication
6	阻力	zǔlì	resistance

真是手机的错吗？

现在有一种说法非常流行：因为手机，所以人和人之间的交流越来越少。我们到处可以看到手机：在饭店吃饭的人们手里拿着手机；等公交车的人们眼睛看着手机；甚至开车的司机在等红绿灯时也会看一眼朋友发来的信息。手机让我们变成了最熟悉的陌生人。可是，这一切真的是手机的问题吗？

其实，手机只是一个工具。很多年以前，我们就生活在自己的小世界里，每天看到的就是那么几个人，每天去的也就是那些地方，想要知道外面的世界只能听别人告诉自己，或者看看报纸、看看电视。可是，手机却给我们打开了一个新的世界，让我们认识到，原来在世界的另外一个地方，同一时间，发生着那么多有趣的事情。所以，引起我们关注的并不是手机，而是手机带给我们的信息。

夫妻关系不好，父子沟通出现问题，朋友越来越少，这些真的不是手机的问题，因为如果你真的有想要沟通的愿望，手机不会成为阻力。

（1）有一种说法是，因为手机，人们的交流越来越少。（　　）

（2）开车的时候，司机也会看一眼手机。（　　）

（3）很多年以后，我们没有手机。（　　）

（4）手机给我们看到了一个新的世界。（　　）

（5）手机的出现让我们与人之间的沟通不顺利。（　　）

7. 写作。Writing.

采访至少三个国家的同学，了解一下他们国家对于公共场所吸烟的规定，并结合课文内容，写一写你对公共场所吸烟的看法，不少于100个字。

8. 辩论赛。Debate.

辩题：上课时，应该禁止用手机吗？

第八课　火锅

Hot-pot

课前热身 Warming up

你喜欢吃火锅吗？为什么？Do you like eating hot-pot? Why?

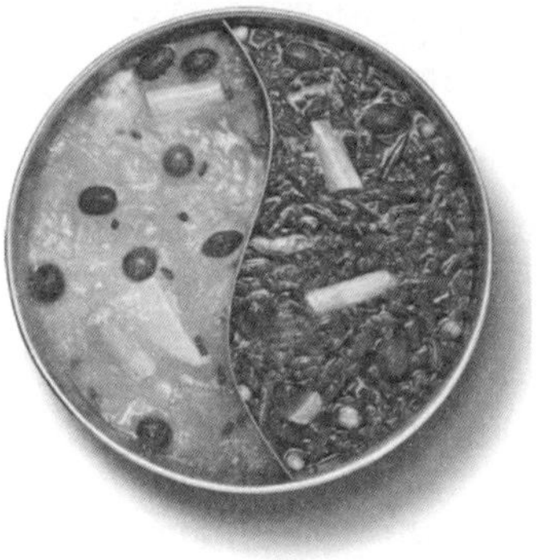

生词 New words

1	腻	nì	形	greasy
2	正宗	zhèngzōng	形	authentic
3	麻	má	形	numb，tingle
4	热乎乎	rèhūhū	形	hot
5	胃	wèi	名	stomach
6	受不了	shòu bùliǎo		can not stand

7	嘴巴	zuǐba	名	mouth
8	鸳鸯锅*	yuānyāng guō		double-flavored hot pot
9	清汤	qīngtāng	名	clear soup
10	不只	bùzhǐ	连	not only
11	一带	yídài	名	area，surroundings
12	当地	dāngdì	名	local area
13	阴冷	yīnlěng	形	gloomy and cold
14	驱	qū	动	to disperse
15	寒	hán	名	coldness
16	防止	fángzhǐ	动	to prevent
17	生病	shēngbìng	动	to be sick
18	羡慕	xiànmù	动	to envy
19	皮肤	pífū	名	skin
20	痘*	dòu	名	pimple
21	上火	shànghuǒ	动	to suffer from excessive internal heat
22	独特	dútè	形	unique
23	悠久*	yōujiǔ	形	age-old
24	历史	lìshǐ	名	history
25	大同小异	dàtóng-xiǎoyì		be the same in essentials while differing in minor points
26	锅底	guōdǐ	名	hotpot seasoning
27	涮	shuàn	动	to cook thin slices of meat in boiling water

28	熟	shú	形	cooked
29	蘸	zhàn	动	to dip in
30	鲜美	xiānměi	形	delicious, tasty
31	尽情	jìnqíng	副	as much as one likes
32	菜品*	càipǐn	名	variety of dishes
33	多样	duōyàng	形	various
34	首选	shǒuxuǎn	动	to choose...first
35	望	wàng	动	to look over
36	红彤彤*	hóngtóngtóng	形	bright red
37	辣椒	làjiāo	名	pepper
38	大汗淋漓*	dà hàn línlí		to be drenched in sweat
39	汗蒸*	hàn zhēng		sauna
40	腌制*	yān zhì		to pickle
41	相当	xiāngdāng	副	quite, fairly
42	敢爱敢恨	gǎn ài gǎn hèn		to dare to love and hate

专名 Proper nouns

重庆	Chóngqìng	a city in China
四川	Sìchuān	a province in China
湖南	Húnán	a province in China

课文 Text

课文 1 Text 1

真希：天天都在学校食堂吃，有点儿腻了。

美玲：那今天咱们出去换换口味？

真希：好啊，你想吃什么？

美玲：吃火锅吧！听说附近新开了一家正宗的重庆火锅店，味道又麻又辣。

真希：好主意。最近天气慢慢冷起来了，吃点儿热乎乎的东西胃里最舒服。不过，我受不了又麻又辣的味道，吃着吃着嘴巴就没感觉了。

美玲：你吃不了麻辣，可以点鸳鸯锅啊！一半麻辣，一半清汤。想吃哪边就吃哪边。

真希：你说重庆人为什么那么喜欢吃辣？

美玲：不只是重庆，其实四川、湖南一带的人都很喜欢吃辣。这和气候有关系，当地太潮湿了，又特别阴冷，吃点儿辣的，可以驱寒驱湿，防止生病。

真希：我最羡慕的还是他们的皮肤和身材，怎么吃那么多火锅，也不长痘痘，也不胖。我在广州一吃火锅就要长几颗痘。

美玲：哈哈，那是因为广州的气候原因，人容易上火，平时可以喝点凉茶，严重的话可以去看看中医。

课文 2 Text 2

火锅是中国独特的美食，有着悠久的历史。来中国以后，我在很多地方都吃过火锅，北京羊肉火锅、广州牛肉火锅、四川麻辣火锅等。每一个地方的火锅做法大同小异，都是一个锅，里面放好锅底，再准备好各种蔬菜和肉，等涮熟以后，拿调味料一蘸，味道真鲜美。在我看来，吃火锅，就像吃自助餐，你可以尽情地涮你喜欢吃的菜，菜品丰富，种类多样。

中国最有名的火锅要数重庆火锅了，在重庆到处都是火锅店，走几步就能看到一家。那里的男女老少都爱吃火锅，火锅是亲朋好友聚餐的首选。重庆火锅以麻辣为主，一眼望过去，红彤彤的全是辣椒，全是红油。这种火锅吃辣最过瘾，吃完以后，大汗淋漓，从舌头辣到心里，像做过汗蒸一样。而且，涮火锅的肉很多都是已经腌制好的、麻辣味儿的。四川重庆一带的人爱吃辣，所以性格也相当“辣”，敢爱敢恨。我很喜欢和他们交朋友。

语言知识 Language guidelines

知识 1 Tip 1

量词重叠

“天天都在学校食堂吃，有点儿腻了。”

在中文中，一部分口语化的单音节量词（包括可作量词用的名词）可以重叠，重叠形式是 AA，如“个个”“天天”“人人”等。量词重叠后一般表示“每一”或强调多。例如：

（1）我们要好好学习，天天向上。

（2）我们班的同学个个都很聪明。

（3）蓝蓝的天空中飘着朵朵白云。

（4）厨房里传来阵阵香味。

有些数量短语也可以重叠。重叠的数量短语，如果数词是“一”的话，可省去后面的“一”。例如：

（5）秋天到了，树叶一片一片（一片片）落下来。

当量词重叠充当状语时，除了可以表示“每一”或者“多”，还可以表示“逐一”或者“陆续不断”。例如：

（6）飞机舱门打开以后，大家把行李一件件往下扔。

（7）电影散场后，观众一个一个陆续离开。

知识 2 Tip 2

“热乎乎”“红彤彤”

“吃点儿热乎乎的东西胃里最舒服/ 红彤彤的全是辣椒”

“热乎乎”“红彤彤”是形容词的一种重叠形式，表示“非常，很”，它们前面不可以再用程度副词修饰。例如：

（1）那边的冬天太冷了，他的小手冻得冷冰冰的。

（2）看着绿油油的麦田，他开心地笑了。

（3）这人说话做事总是慢悠悠的。

知识❸ Tip 3

"V. 1 + 着 + V. 1 + 着 + V. 2"

"吃着吃着嘴巴就没感觉了"

"V. 1 + 着 + V. 1 + 着 + V. 2"构成连动式，V. 1 多为单音节动词，表示 V. 1 正在进行中出现 V. 2 的动作。例如：

（1）只见他想着想着笑了起来。

（2）我们说着说着就到了校门口。

（3）有的人在电影院里看着看着就睡着了。

知识❹ Tip 4

"一 + V."

"拿调味料一蘸，味道真鲜美"

"一 + V."表示经过某一个短暂动作就得出某种结果或结论。例如：

（1）我一说，你肯定愿意。

（2）老板一想，让他回去一趟也好。

（3）这种材料的衣服很好洗，用水一冲，就能洗干净。

知识❺ Tip 5

"在……看来"

"在我看来，吃火锅，就像吃自助餐"

"在……看来"一般用来引出某人的观点和想法。例如：

（1）在我看来，工作是最重要的事；但是在我父母看来，结婚才是最重要的事。

（2）有些事，在你看来是小事，但是对于别人来说可能就是大事。

（3）在大家看来，这件事处理得不好。

知识 6 Tip 6 教学视频

“数”

“中国最有名的火锅要数重庆火锅了”

“数”，shǔ，动词，指出名次最前的或程度最突出的。

1. 数＋序数。例如：

（1）小明的成绩，在班上不数第一，也不数第二。

（2）要说唱歌，我们几个朋友里面，大卫数第一。

2. 数＋名词。“数”前常要加“要”。例如：

（3）这几种动物中，最可爱的要数熊猫了。

（4）我觉得，我见过的人里，最聪明的要数我姐姐。

3. 数＋小句。例如：

（5）在我们公司，论年龄，数我大；论个子，要数老李最高。

（6）我们家数我爸最胖。

知识7 Tip 7

“以……为主”

“重庆火锅以麻辣为主”

“以……为主”表示把……作为最主要的部分。例如：

(1) “以教为主”和“以学为主”的两种教学方法，你选择哪种？

(2) 我买东西以实用为主，东西好看但不实用我也不买。

(3) 咱们学校的学生以外国学生为主。

练习 Exercises

1. 看图写词。Write words according to the pictures.

(　　　　　)

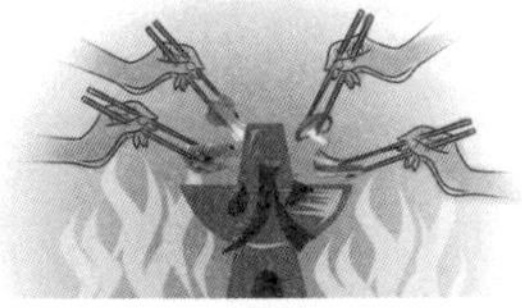

(　　　　　)

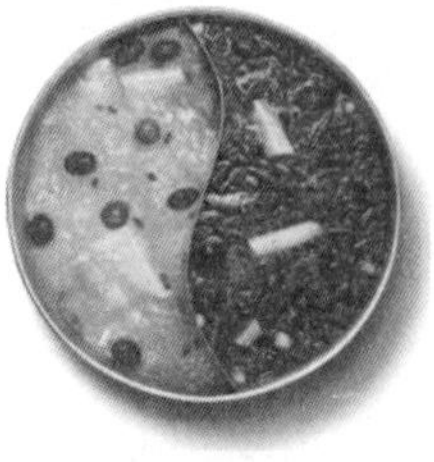

(　　　　　)

(　　　　　)

(　　　　　)

(　　　　　)

(　　　　)　　(　　　　)　　(　　　　)

2. 选词填空。Choose the right words to fill in the blanks.

A.

腻	正宗	羡慕	热乎乎	当地	驱
一带	涮	蘸	防止	鲜美	熟

(1) 这些蚊子怎么这么讨厌，你有（　　　　）蚊液吗？

(2) 冬天就要吃点（　　　　）的东西才舒服。

(3) 为了（　　　　）手机被人偷走，他把手机放到了书包里。

(4) 他要去少林寺学（　　　　）的中国功夫。

(5) 牛排你要几成（　　　　）？

(6) 吃火锅就是（　　　　）各种你喜欢吃的肉或者菜。

(7) 这部电影我看了十几遍了，怎么也看不（　　　　）。

(8) 他这么年轻，就已经去了20多个国家，我真（　　　　）他！

(9) 重庆（　　　　）人都不吃鸳鸯锅，只吃红油火锅。

(10) 市中心（　　　　）总是很容易堵车。

(11) 广东菜的特点就是清淡、（　　　　）。

(12) 吃薯条的时候（　　　　）一下儿番茄酱，味道特别好。

B.

(1) 每天　　天天

看病、治病，这是医生（　　　　）的工作。

我们要养成（　　　　）运动的好习惯。

(2) 独特　　特别

每个人都有自己（　　　　）的人生。

这幅画（　　　　）有名，我们找个时间去看看。

(3) 正宗　　地道

他从小在北京长大，说的一口（　　　　）的北京话。

想吃（　　　　）重庆火锅，就得去重庆吃。

3. 完成对话。Complete the dialogues.

(1) A：你怎么搬出来住了？

B：________________________________。（受不了）

(2) A：你喜欢这个城市吗？

B：________________________________。（受不了）

(3) A：我听说你报名参加了运动会的一百米赛跑？

B：________________________________。（不只）

(4) A：你怎么趴在桌子上睡着了？

B：____________________。（V. 1 + 着 + V. 1 + 着 + V. 2）

(5) A：时间过得好快啊！

B：____________________。（V. 1 + 着 + V. 1 + 着 + V. 2）

(6) A：周末愉快！

B：________________________________。（尽情）

（7）A：别生气啊，我就是跟你开玩笑的。

B：________________________________。（在……看来）

（8）A：哇，这几个四川菜都是又麻又辣。

B：________________________________。（以……为主）

（9）A：你们学校的留学生真多。

B：________________________________。（以……为主）

4. 根据提示用"数"写句子。 Make sentences with "**数**" according to the hints.

（1）我们几个朋友里面，小明唱歌唱得最好。

→________________________________

（2）对我来说，最好吃的东西就是火锅。

→________________________________

（3）妈妈觉得我们几个兄弟姐妹里面，姐姐最听话懂事。

→________________________________

（4）他的考试成绩在我们班是第一名。

→________________________________

（5）同学们都认为中文课里，阅读课最难。

→________________________________

5. 选择合适的词语改写句子。 Choose the right words to rewrite the sentences.

当地	独特	悠久	大同小异
首选	相当	望	多样

(1) 这两部电影虽然主角不同，但故事差不多。

____

(2) 如果要在中国旅游，广州肯定是我第一个选择的地点。

____

(3) 他很优秀，但也是一个非常骄傲的人。

____

(4) 北京是一座特别有历史的城市。

____

(5) 这家饭店真不错，菜品种类丰富，服务也好。

____

(6) 在重庆，那里的人吃火锅都只吃红油火锅，不吃鸳鸯锅。

____

(7) 这种花的样子很特别，我从来没见过。

____

(8) 从这里远远看出去，也看不到海的尽头。

____

6. 组句。 Rearrange the words to form a sentence.

(1) 欣赏　敢爱敢恨　她　我很　性格　的

____

（2）好吃　这附近　家家　的　都　饭店

____

（3）气候　上火　容易　这里的　不好　人

____

（4）我　很多地方　中国　火锅　在　过　吃

____

（5）数　成绩　最好　他的　我们班　要

____

7. **看例子，写句子。** Make sentences according to the examples.

例：远处的天空红彤彤的，特别美！

绿油油　　香喷喷　　热乎乎　　亮晶晶

	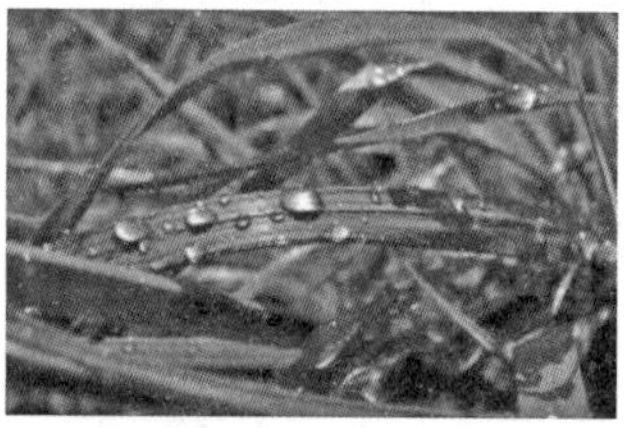

你还知道哪些这样的生词？

____

8. 看视频，学表演。Watch the video and try to act it out.

分小组，模仿《舌尖上的中国》，拍一段吃火锅的视频，并给视频配音，投票选出拍得最好的小组。

9. 阅读短文，回答问题。Read the passage and answer the questions.

四川小吃

四川小吃历史悠久、品种多样，很有地方特色，较为有名的有夫妻肺片、赖汤圆、龙抄手、钟水饺、担担面、三大炮等。它之所以深受人们喜爱，一是因为风味突出，四川小吃同四川菜一样，不仅选用多种调味品，而且十分重视调味的技巧，形成了多种风格；二是因为善于用汤，四川风味小吃中用的汤是用多种原料和调料精心熬制的，汤浓味美；三是因为注重质量，不管是哪种小吃，都特别讲究原材料和调味料的质量；四是因为能根据季节的变化，不断发展创新。此外，四川小吃在经营上随意方便，经济实惠，这也是它受到人们普遍欢迎的一个重要原因。

（1）四川小吃有什么特点？

（2）四川小吃有哪些？

（3）用自己的话总结一下四川小吃受欢迎的原因。

10．说一说，写一写。 Talk and write.

（1）你吃过火锅吗？你喜欢吃什么火锅呢？第一次吃火锅有什么感受？

（2）在你的国家也有像火锅一样的美食吗？它是什么样的？它的做法和当地的天气有关系吗？

请你以（1）或者（2）为话题，写一写，不少于150个字。

第九课　绿色生活

Green living

课前热身 Warming up

你知道环保吗？你在日常生活中做过哪些环保的事情呢？Do you know about environmental protection? What have you done in your daily life to protect the environment?

生词 New words

1	提倡	tíchàng	动	to advocate, to promote
2	环保	huánbǎo	名	environmental protection

3	低碳*	dītàn	形	low carbon
4	追求	zhuīqiú	动	to seek, to pursue
5	经济	jīngjì	名	economics
6	忽略	hūlüè	动	to ignore, to neglect
7	保护	bǎohù	动	to protect
8	恶化	èhuà	动	to worsen; to deteriorate
9	下降	xiàjiàng	动	to decline
10	如今	rújīn	名	now, nowadays
11	社会	shèhuì	名	society
12	增强	zēngqiáng	动	to enhance
13	向往	xiàngwǎng	动	to yearn for, to look forward to
14	清新	qīngxīn	形	pure and fresh
15	地球	dìqiú	名	the earth, the globe
16	首先	shǒuxiān	代	firstly
17	风扇*	fēngshàn	名	fan
18	电器*	diànqì	名	electric appliance
19	立即	lìjí	副	immediately, promptly
20	插头*	chātóu	名	plug
21	随手	suíshǒu	副	conveniently
22	节约	jiéyuē	动	to save
23	植物*	zhíwù	名	plant
24	净化	jìnghuà	动	to purify

25	其次	qícì	代	next; secondly
26	共享单车*	gòngxiǎng dānchē		bike-sharing
27	减少	jiǎnshǎo	动	to reduce
28	废气*	fèiqì	名	exhaust gas
29	排放*	páifàng	动	to exhaust, to expel
30	污染	wūrǎn	动	to pollute
31	剩	shèng	动	to remain, surplus
32	光盘*	guāngpán	动	to clear the plate
33	避免	bìmiǎn	动	to avoid
34	一次性	yícìxìng	形	disposable
35	餐具*	cānjù	名	tableware
36	以上	yǐshàng	名	above
37	垃圾	lājī	名	rubbish, garbage
38	分类	fēnlèi	动	to classify, to sort
39	浇	jiāo	动	to water
40	拖	tuō	动	to mop (the floor)
41	滴	dī	量	drop
42	购物袋	gòu wù dài		shopping bag
43	幸福	xìngfú	形/名	happy; happiness
44	美好	měihǎo	形	fine, happy
45	城市	chéngshì	名	city
46	美丽	měilì	形	beautiful

课文 Text

现在出门，到处都能看到提倡“绿色生活”的广告牌。什么是绿色生活？简单地说，绿色生活就是环保、低碳、对人类健康有好处的生活方式。以前人们为了追求经济的发展，忽略了对环境的保护，导致全球气候恶化，空气质量下降。如今，随着社会的进步，人们的环保意识也增强了，大家越来越向往蓝蓝的天空、清新的空气、干净的河水……为了让地球环境变得更好，绿色生活成为更多人的选择。下面我来分享一下我的绿色生活方式。

首先，我在家就十分注意环保。如果天气不是特别热，我一般不开空调，尽量用风扇；用完电器后，立即拔掉插头；出门前随手关灯，这样可以节约用电。还有，我在家里摆了很多绿色植物，这些绿色植物，不仅让房间变得更漂亮，而且净化了空气。

其次，尽管我的家离学校有一段距离，但我几乎不坐出租车去学校，而是选择坐地铁或者公交车。平时出门，只要不赶时间，我就骑共享单车或者走路。这样做，既锻炼了身体，又减少了废气排放，减轻了对环境的污染。

最后，对于吃饭，我也有自己的一套规定。一方面，做到不浪费：在家吃多少做多少，不剩饭菜，在外吃多少点多少，坚持光盘；另一方面，做到避免环境污染，如“不使用一次性餐具”“少点外卖”等。

除了以上提到的几点，我还会注意垃圾干湿分类；淘米水或者洗菜水可以用来浇花或者拖地，不浪费每一滴水；随身带着购物袋，这样买菜购物都用得上，可以减少白色污染。

……

这就是我的绿色生活。希望越来越多的人会选择这样的方式，从自己做起，从现在做起，从小事做起，让我们的身体更健康、生活更幸福、环境更美好、城市更美丽！

语言知识 Language guidelines

知识 1 Tip 1

“首先”

“首先，我在家就十分注意环保。”

“首先”，指示代词，常用于列举事项的第一项，后面常与“其次，最后”等呼应。例如：

(1) 我们公司挑选新职员的要求：首先，要品德好；其次，要有才能。

(2) 现在还不能抓他。首先，事实还不清楚；其次，证据还不充分。

(3) 这个房子不错。首先，离学校近；其次，交通方便；最后，房租便宜。

知识 2 Tip 2

教学视频

“随手” VS. **“顺手”**

“随手”和“顺手”都可以表示顺便、捎带着做了什么。例如：

(1) 出门的时候记得随手关灯。(顺手)

(2) 同桌没带笔，我顺手拿起一支递给他。(随手)

“随手”侧重随便地、随意地做。例如：

（3）不要随手乱扔垃圾。（顺手 ×）

（4）他跟我聊着天，随手翻看我桌上的书本。（顺手 ×）

“顺手”还可以表示做事没有遇到阻碍，顺利。例如：

（5）事情办得很顺手。

（6）新手机用得顺手吗？

知识3 Tip 3

“从……做起”

“希望越来越多的人会选择这样的方式，从自己做起”

“从……做起”表示“从……开始做”，范围从小到大，程度从低到高，难度从易到难。例如：

（1）环保，从我做起。

（2）早睡早起，从今天做起。

（3）新生活，从改变自己做起。

练习 Exercises

1. **词语搭配**。Complete the phrases.

保护____________ 减少____________

追求____________ 节约____________

增强________________　美好________________

向往________________　净化________________

________________下降　________________恶化

2. 选词填空。 Choose the right words to fill in the blanks.

A.

提倡	忽略	如今	清新	污染
剩	地球	分类	餐具	城市

(1) 深圳是中国近些年发展最快的（　　　　）。

(2) 现代人都忙着工作而（　　　　）了自己的健康。

(3) 整理衣柜的时候，我喜欢按照季节对衣服进行（　　　　）。

(4) 天气好的时候，我们家的窗户和门都开着，以保持空气（　　　　）。

(5) 大家都回家了，只（　　　　）我一个人留在教室里。

(6) 几年前我在家门口种的一棵小树，（　　　　）已经长大了。

(7) 这里的湖水被严重（　　　　），里面的鱼已经少得可怜。

(8) 服务员，麻烦你再给我们拿一套（　　　　）。

(9) 人类只有一个（　　　　），请好好爱护它。

(10) 我们要（　　　　）节俭，反对浪费。

B.

(1) 追求　　向往

除了钱，还有很多美好的事情值得我们（　　　　）。

安娜（　　　　）着有一天能去全世界旅游。

（2）保护　　爱护

我们要像（　　　　）自己的家那样爱护地球。

别害怕，我会（　　　　）你的。

（3）节约　　省

虽然我们现在生活很富裕，但也要注意（　　　　）。

想吃什么随便点，别给我（　　　　）钱。

（4）减轻　　减少

一到冬天，这里的游客数量就会（　　　　）很多。

这种药吃了以后能（　　　　）你的疼痛。

（5）随手　　随身

贵重的物品最好（　　　　）带着。

垃圾不能（　　　　）乱扔，要放进垃圾桶里。

3．判断对错并改正。 Answer the true or false questions and correct the sentences.

（1）请不要顺手乱扔垃圾。（　　）

____

（2）钥匙这些小东西不要随手放，免得丢了。（　　）

____

（3）最后一个离开的同学记得顺手关灯关门。（　　）

____

（4）新电脑我用得不太随手。（　　）

____

（5）看书看累了，他随手拿起手机玩了起来。（　　）

____

（6）他洗完碗，顺手洗了个苹果吃。（　　）

____

4. 完成句子。 Complete the sentences.

（1）要想学好中文，________________________。（首先）

（2）提倡绿色生活，____________________。（从……做起）

（3）他每天玩手机，________________________。（导致）

（4）我答应你的要求，______________________。（只要）

（5）申请奖学金，__________________________。（除了）

（6）______________，我越来越理解父母的不容易。（随着）

（7）A：将来你想过什么样的生活？

B：______________________________________。（向往）

（8）A：为什么你去超市购物的时候都会带一个布袋子？

B：______________________________________。（避免）

5. 选择合适的词语改写句子。 Choose the right words to rewrite the sentences.

追求	恶化	随手	一次性
以上	美丽	光盘	植物

（1）地球上很多资源都是用一次就没了。

____

（2）在广州，超过65岁的老人，可以免费乘坐公交车。

____

（3）森林里的各种花花草草都长得很好。

____

（4）他打开门进来以后，就随便地把钥匙扔在沙发上。

____

（5）厦门是一个漂亮的海滨城市。

____

（6）他的病情变得更严重了，看来要早点儿转到大医院去。

____

（7）妈妈常常教育我，吃饭一定要把碗里的饭菜吃干净，不要浪费粮食。

____

（8）对于想要的生活，就应该努力去奋斗去得到。

____

6. 组句。Rearrange the words to form a sentence.

（1）环境　从　做起　保护　我

____

（2）绿色　我来　我的　生活　分享一下　方式

____

（3）去　我　走路　只要　时间　不赶　就　学校

____

（4）意识　增强　人们的　随着　进步　环保　社会的　了

____

（5）距离　我的家　有　一段　学校　离

____

7. 阅读短文，回答问题。Read the passage and answer the questions.

从前，有个小男孩，他每天要用好多纸巾。吃过东西，他用纸巾擦擦嘴，洗完手会用纸巾擦擦手、擦擦衣服。这天，爸爸买回一筒纸巾。爸爸说这是“神奇牌”纸巾，跟以前的不一样哦。小男孩想看看，纸巾究竟神奇在哪里。

他拉出一截，没什么神奇；他把纸巾拉到阳台上，也没什么神奇；再把纸巾拉到楼梯上，还是没什么神奇；纸巾被拉得长长的，一直拉到小区外面；再拉到市民广场，绕过一棵棵粗粗的树。小男孩跑呀跑，拉呀拉，纸巾怎么也拉不完……跑呀跑，拉呀拉，小男孩回头一看，树林不见了！他扔了纸巾，惊叫着跑回家：“爸爸，爸爸，树林没有啦！”爸爸说：“制造纸巾要用树木做原料。你用掉了这么多纸巾，树林当然就没有啦！”

为了让树林回到市民广场，小男孩又跑回去，一边跑，一边卷……跑呀跑，卷呀卷，纸巾全都卷了回来，市民广场的树林又回来了。小男孩真高兴呀！小朋友们，木材是制造纸巾的原料，纸巾用得越多，耗费的树木就越多。所以我们在家的时候，应该尽可能地多用毛巾，节约纸巾。

（引自星宝宝育教网）

（1）文中的小男孩儿常常用纸巾做什么？

____

（2）城市里的树木为什么消失了？

____

（3）这个故事告诉了我们什么？

____

8．说一说以下这些有害环境的行为。Talk about the following behaviors harmful to the environment.

		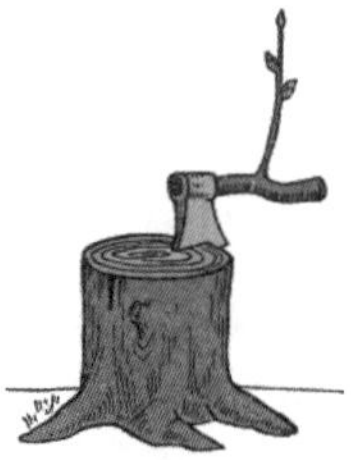
(1)	(2)	(3)

(4)	(5)	(6)

9．环保小妙招。Green living tips.

你有什么环保小妙招？或者你也可以去调查一下别人有什么环保小妙招。写出几项你认为最有用的环保妙招，来跟朋友进行分享。

	怎么做	有什么作用
1		
2		
3		
4		
5		
6		

10. 环保宣传队。Environmental advocacy team.

为了让大家为节能环保献出自己的一份力量，老师将同学们分成几个小组，来设计环保宣传单，最后投票评出最受欢迎的宣传单。

11. 写作。Writing.

请你从本课的生词中，挑出 5～10 个写成一篇小短文，不少于 150 个字。

第十课　手机

Mobile phone

课前热身 Warming up

你知道哪些牌子的手机？What mobile phone brands do you know?

生词 New words

1	名气	míngqi	名	fame
2	高档	gāodàng	形	top-end
3	面子	miànzi	名	reputation
4	娱乐	yúlè	动	to entertain
5	显摆	xiǎnbai	动	to show off
6	品牌	pǐnpái	名	brand

7	忠实	zhōngshí	形	faithful
8	推出	tuīchū	动	to roll out
9	外观	wàiguān	名	exterior
10	性能	xìngnéng	名	function of a machine
11	系统*	xìtǒng	名	system
12	简洁	jiǎnjié	形	pithy; concise
13	流畅*	liúchàng	形	smooth
14	先进	xiānjìn	形	advanced
15	就算	jiùsuàn	连	even if
16	差距	chājù	名	gap, disparity
17	况且	kuàngqiě	连	besides, in addition
18	当前	dāngqián	名	current situation
19	不可或缺	bùkě-huòquē		indispensable
20	无所不能	wú suǒ bù néng		to be capable of doing anything
21	低头族	dītóu zú		smart-phone addicts
22	参照	cānzhào	动	to refer to
23	表格	biǎogé	名	chart
24	内容	nèiróng	名	content
25	项	xiàng	量	a measure word for item
26	参数*	cānshù	名	parameter
27	型号*	xínghào	名	model

28	存储*	cúnchǔ	动	to store
29	内存	nèicún	名	internal storage
30	屏幕*	píngmù	名	screen
31	尺寸	chǐcùn	名	size
32	英寸*	yīngcùn	量	inch
33	分辨率*	fēnbiàn lǜ		resolution ratio
34	像素*	xiàngsù	名	pixel
35	摄像头*	shèxiàng tóu		camera
36	容量*	róngliàng	名	capacity

课文 Text

课文1 Text 1

艾文：阿里，我打算换一部新手机，你有什么推荐吗？

阿里：你喜欢什么样的手机？

艾文：我喜欢名气大、高档一点儿的手机，拿出来有面子。

阿里：哈哈，手机是用来联系家人朋友或者娱乐的，又不是用来显摆的。

艾文：你的手机是什么牌子的？

阿里：我一直用这个中国品牌的手机，我是它的忠实粉丝。

艾文：看着不错。

阿里：用着也不错。对了，他们最近推出了一款新手机，我给你看看照片。

艾文：外观挺漂亮的。

阿里：性能也很好。我去店里看过了，这款新手机操作系统简洁流畅，拍照效果很好，而且还用了很多先进的技术。

艾文：是吗？玩游戏会不会卡？

阿里：不会，我试过了，就算同时开两三个游戏也不会卡。

艾文：原来中国的手机已经做得这么好了。

阿里：对啊，在质量和性能上，早就跟国际大品牌没有什么差距了。

艾文：我原来用的这个牌子也不错，我再好好想想。

阿里：相比之下，我更推荐你换这个中国品牌的。外观漂亮、性能好，况且价格也实惠很多，性价比还是很高的。

艾文：行，你什么时候有空儿，陪我去店里看看吧。

阿里：没问题。

课文2 Text 2

手机已经成为当前人们生活不可或缺的一部分，打电话、发信息、上网、聊天、购物、拍照、学习……手机好像无所不能，看看满街的低头族就知道手机有多重要。买什么样的手机也是人们很关心的问题，有些人看牌子，有些人看价格，有些人看外观，有些人看拍照效果……但是，很多人忽略了手机的性能。参照下面表格的内容，写一写你现在使用的手机各项参数的情况，和其他同学比较一下，看看你的手机性能怎么样吧。

品牌	
手机型号	
操作系统	
操作系统	
CPU	
CPU 型号	
存储	
机身内存	
运行内存	
屏幕	
屏幕尺寸	英寸
分辨率	像素
拍照	
前置摄像头	像素
后置摄像头	像素
摄像头数量	
电池	
电池容量	
手机价格	
人民币（元）	

语言知识 Language guidelines

知识1 Tip 1

教学视频

"就算"

"就算同时开两三个游戏也不会卡"

"就算"，连词，表示假设的让步，相当于"即使，即便"，多用于口语。

1. "就算"与"也""还""总"等呼应，前后两个分句指同一件事情，后句表示退一步的估计。例如：

(1) 就算这道题有点儿难度，也难不到哪儿去。

(2) 就算他不讲理，你也不该发这么大火儿。

2. "就算"与"但是""难道""可是"等配合，后一分句表示强调以让步为前提的转折。

(3) 就算她有错，难道你就没责任了吗?

(4) 就算你有理，但你也不能打人啊!

知识2 Tip 2

"相比之下"

"相比之下，我更推荐你换这个中国品牌的。"

"相比之下"指与前面提到的事物相比，后面说到的事物"更"……例如：

(1) 相比之下，高铁贵一点，但快得多。

(2) 读书和运动，相比之下，我更喜欢读书。

(3) 相比之下，这款手机更实惠。

知识3 Tip 3

“况且”

“外观漂亮、性能好，况且价格也实惠很多”

“况且”，连词，表示进一步申述理由或追加理由。常和“又”“也”“还”等配合使用。例如：

(1) 路不算太远，况且还是快车，一定能按时赶到。

(2) 这本书的内容非常好，况且又不贵，你买一本吧！

(3) 我不想去逛街，况且我还有很多工作要做。

知识4 Tip 4

“满＋名词”

“看看满街的低头族就知道手机有多重要”

“满＋名词”，表示某个事物所充塞的空间，一般都表示具体的范围。例如：

(1) 这里满屋子都是书。

(2) 小狗出去玩了一趟，满身都是泥。

(3) 如果满世界种上这种漂亮的植物，该多好啊！

练习 Exercises

1. **看图写词**。Write words according to the pictures.

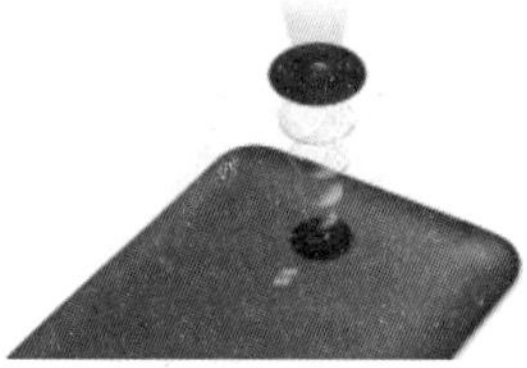
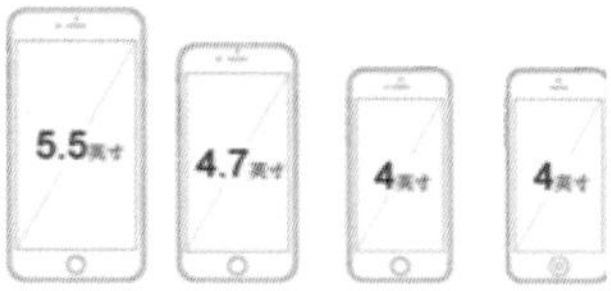

(　　　　)　　(　　　　)　　(　　　　)

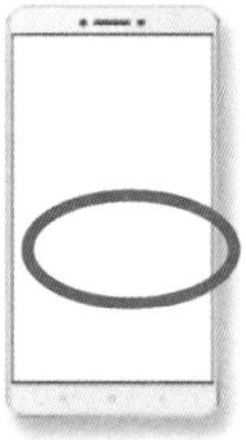

(　　　　)　　(　　　　)　　(　　　　)

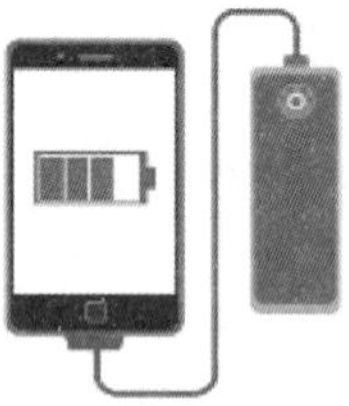

(　　　　)　　(　　　　)　　(　　　　)

2. 选词填空。 Choose the right words to fill in the blanks.

名气	简洁	流畅	项	外观
比较	先进	低头族	推出	忠实

（1）成龙的（　　　　）很大，几乎全世界的人都认识他。

（2）有了智能手机以后，出现一群新的人——（　　　　）。

（3）我是这个节目的（　　　　）观众，每周六晚上八点一定会看。

（4）环境保护是一（　　　　）很重要的任务。

（5）新闻语言都是比较正式且（　　　　）的。

（6）这家公司最近（　　　　）了几款新产品，性价比挺高的。

（7）这辆车（　　　　）看着不错，可是一点儿也不好开。

（8）现在的医疗技术很（　　　　），癌症也很可能被治好。

（9）改了这段话以后，文章（　　　　）多了。

（10）你先（　　　　）一下再决定买哪个吧！

3. 完成句子。 Complete the sentences.

（1）工资不高却买这么贵的手机，________________。（面子）

（2）我想买几本中文小说，________________。（推荐）

（3）喝了太多酒，________________。（满 + 名词）

（4）妈妈做了一桌子好菜，________________。（满 + 名词）

（5）________________，做了坏事也要受到法律的惩罚。（就算）

（6）这道题这么难，________________，也做不出来。（就算）

4. 完成对话。Complete the dialogues.

（1）A：你好，请问这个表应该怎么填写？

B：________________________________。（参照）

（2）A：你为什么来中国学中文？

B：________________________________。（况且）

（3）A：为什么他得到了奖学金，我却没得到？

B：________________________________。（况且）

（4）A：我喜欢这件黑色的。

B：______________________________。（相比之下）

（5）A：听说桂林和张家界都很漂亮，你说这个小长假，我应该先去哪儿旅游？

B：______________________________。（相比之下）

5. 选择合适的词语改写句子。Choose the right words to rewrite the sentences.

卡	高档	显摆	不可或缺
差距	无所不能	内存	外观

（1）如今，手机已经成为人们生活中不能缺少的一部分了。

____

（2）他这个人啊，得了一点儿好成绩就喜欢到处去跟别人说。

____

（3）我的电脑放不下更多文件了。

____

（4）虽然他们俩同时开始学中文，但现在一个人成绩好，一个人成绩差。

____

（5）咦，怎么电脑一直停在这个画面不动了？

____

（6）过年送长辈礼品，应该要买好一些、贵一些的。

____

（7）我觉得妈妈就像超人一样，没有什么做不到的。

____

（8）这套家具看起来十分典雅。

____

6. 组句。 Rearrange the words to form a sentence.

（1）这样　给我　真　面子　他　做

____

（2）大街　低头族　现在　都是　满　一眼望去

____

（3）我　这本书　忠实　的　粉丝　是

____

（4）工作　健康　很多人　忽略　为了　了

____

（5）类型　的游戏　受　年轻人　这种　很　欢迎

____

7. 小调查。 Survey.

调查一下你身边的朋友手机参数的情况，记录下来并写成一份报告。

型号	内存	屏幕	电池	外观	价格	……

8. 最佳广告。 The best advertisement.

5～7 人为一个小组，设计一款手机的广告（形式自定），然后在班里进行展示，选出优胜小组。

参考答案 Answers

第一课　你吃了吗

1. （略）

2. （1）学问　（2）具体　（3）显得　（4）认为
   （5）尊重　（6）讲究　（7）长辈　（8）表达
   （9）碰　（10）问好　（11）彼此　（12）距离

3. （略）

4. （1）（×）现在我想向很多人表达感谢。
   （2）（×）借这个机会，我要表达我的想法。
   （3）（√）
   （4）（×）不接你的电话，表示她不想理你。
   （5）（√）
   （6）（×）这首歌表达了人们对祖国的热爱。

5. （1）向　（2）向/对　（3）对　（4）对
   （5）向/对　（6）对　（7）向　（8）向

6. （1）难道你不知道周五要考试？

（2）难道你不打算回家了？/难道你打算不回家了？

（3）难道你不喜欢玩游戏了？

（4）难道老师生病了？

（5）他既会说英语，也会说中文。

（6）他既喜欢足球，也喜欢篮球。

（7）既要学习的时候认真，也要玩的时候开心。

（8）我并不知道这件事。

（9）这个人我听说过，但是并没见过。

7. （1）× （2）√ （3）× （4）×

（5）√ （6）×

8. （答案合理即可，以下供参考）

（1）吃了吗？

（2）去哪儿？出去呀？

（3）去踢球呀？

（4）您好！

（5）王校长好！

（6）好久不见！

（7）身体怎么样了？

（8）最近在哪儿发财啊？

9. （略）

10. （略）

第二课　我不会用筷子

1. （1）

牙签	碗	盘子	叉子
筷子	汤勺	（略）	

（2）

敲打	吮	挥动	翻
插	夹	交叉	指
叉			

2. A. （1）三长两短　（2）特色　（3）规矩
（4）环境　（5）整齐　（6）熟能生巧
（7）礼貌　（8）主要　（9）随意
（10）发出
B. （1）特色、特点　（2）规则、规矩　（3）随意、随便
（4）一定、千万

3. （略）

4. （1）√　（2）√　（3）×　（4）×　（5）√
（6）√　（7）×　（8）×

5. （答案合理即可，以下供参考）

（1）用筷子夹菜不是两根同时动，而是一根先动，另一根跟着动；一根在上，一根在下。

（2）筷子的种类有很多，有木的也有塑料的，有金的也有银的，还有玉的。

（3）用筷子时，筷子要把我们的五个手指分成三部分，拇指、食指在上，无名指、小指在下，中指在中间。

（4）它的一头是方的，另一头是圆的。方的代表地，圆的代表天。

（5）筷子不仅是一种餐具，还是一种艺术品。有的名人在筷子上题词、刻诗、绘画，那么筷子就成了工艺品。

6.（略）

7.（略）

8.（略）

第三课　宠物

1. 小狗　小猫　仓鼠
鹦鹉　豹子　兔子
金鱼　香猪　乌龟
（略）

2. 喂它　训练它　给它洗澡

遛它　　陪它玩　　打扫卫生
修理毛发　　检查身体　　陪伴它/为它找同伴

3. （1）愿望　（2）养　（3）忠诚　（4）人类
（5）差点儿　（6）调皮　（7）随地　（8）确实
（9）训练　（10）指令　（11）乖　（12）隔壁
（13）默默　（14）孤单　（15）意见　（16）允许

4. （答案合理即可，以下供参考）
（1）不要乱吃药。
（2）小狗喜欢乱咬。
（3）不能乱扔垃圾。
（4）这些单车不要乱放。
（5）她们喜欢乱买东西。
（6）千万不要到处乱写乱画。

5. （1）今天出门的时候，有一辆车差点儿撞到我。
（2）我差点儿把钱包丢了。
（3）我差点儿没通过考试。
（4）我们差点儿就赢了比赛。
（5）我差点儿就能看到最喜欢的明星了。

6. （略）

7. （1）他睡着了以后会发出很大的呼噜声。/他睡着以后会打呼噜。

（2）一个人在家的时候，我也能自娱自乐。

（3）下雨忘了带伞，我全身都淋湿了。

（4）小时候出过车祸，到现在我坐车还心有余悸。

（5）我邻居的狗喜欢对着人叫，真凶。

（6）在学校住方便又便宜，除此之外，更安全。

（7）他从小就是个听话的孩子，让父母很省心。

（8）妻子说自己想法时，丈夫总是在旁边默默地听着。

（9）她不是我姐姐，但像姐姐似的照顾我。

（10）我很享受我现在的生活。

8.（略）

9.（略）

10.（略）

第四课　我不喝酒

1.（1）劝　（2）按照　（3）兴隆　（4）热闹
（5）无法　（6）之间、关系　（7）职位　（8）俗话
（9）体会　（10）合作　（11）道理

2.（1）关于　（2）关于　（3）关于/对于　（4）对于
（5）关于　（6）对于

3.（略）

4.（略）

5.（略）

6.（1）我觉得胸口闷，得出去走走。

（2）祝愿你在将来的日子里，工作和生活一切顺利。

（3）运动会对于我这种不好运动的人来说，就是去给别人加油的。

（4）我对你说的话都是真心话，没骗你。

（5）长辈常教我，到一个新的地方就应该入乡随俗。

（6）这次跟朋友的旅行非常愉快。

（7）村民们的热情好客，给我们留下了很深的印象。

（8）别劝我喝酒，我酒量不好，一喝就脸红。

7.（答案合理即可，以下供参考）

（1）比喻好好地劝说不听，用强迫的手段却接受了。例如：你要是敬酒不吃吃罚酒，到时候别怪我不给你面子。

（2）表示只要东西或产品很好，即使它处在一个很偏僻的位置，通过自身的优秀品质，总能使人们知道它。例如：做不做广告没关系，只要我们的菜品味道好，就一定会有客人来，俗话说“酒香不怕巷子深”。

（3）今天有酒就今天喝个醉。比喻只图眼前享乐，不考虑将来。例如：想那么多干什么，今朝有酒今朝醉。

（4）指酒桌上遇到知己，喝一千杯酒都还嫌少。表示与聊得来的朋友在一起不会感到厌烦。例如：酒逢知己千杯少，咱们别停杯，接着喝！

（5）意思是喝醉酒就可以忘记烦恼和忧愁了。例如：很多人以为一醉解千愁，实际上喝醉酒以后，会惹出更多的麻烦。

（6）表示本想通过喝酒减轻痛苦和愁苦，结果反而更觉得愁闷。例如：你不要想通过喝酒来让心情变好，只会举杯销愁愁更愁。

8.（1）希腊、俄罗斯、法国、德国、墨西哥、日本。

（2）喝之前要放一些冰块，然后轻轻晃动几下。

（3）伏特加是烈酒，度数很高，喝了以后，喉咙就像着了火一样。

（4）法国人喝酒喜欢细品慢饮，他们一定要把酒从舌尖慢慢滑到喉头，越是好酒越要慢慢喝。

（5）德国啤酒是由大麦制成的。

（6）墨西哥啤酒是龙舌兰做的，呈乳胶状，而且酿好后当天就要喝掉。

9.（略）

10.（略）

11.（略）

第五课　看中医

1. 扎　　插　　刮　　打　　拉

推　　按　　扔　　拔

2. A.（1）利用　（2）包括　（3）安慰　（4）脸色

（5）轻松　（6）精神　（7）注重　（8）整体

B.（1）效果　（2）趟　（3）注重　（4）按

（5）日常　（6）好奇　（7）放松　（8）确实

（9）感觉

3.（1）通过　（2）经过　（3）通过/经过　（4）通过

（5）经过　（6）通过　（7）通过　（8）经过

4.（略）

5.（1）怎么你看起来很没精神？

（2）这种药很有效果，吃了以后肚子就不疼了。

（3）世界上有某些地方，还有人吃不好，穿不好。

（4）如果身体不适，就请个假，回去好好休息。

（5）我上个月去北京出了趟差。/我上个月去了趟北京出差，然后就回来了。

（6）我特别讨厌只想着自己，不为别人考虑的人。

(7) 我从来没在这么多人面前唱歌，紧张得要命。

(8) 医生详细地查问病人情况，就是为了对症下药。

6. (1) BADC　(2) DCAB　(3) BDCA

7. (1) 根据　(2) 请　(3) 查找　(4) 从来
(5) 兴趣　(6) 穿　(7) 带　(8) 意见
(9) 本　(10) 种　(11) 翻译　(12) 各

8. (略)

9. (略)

第六课　学中文的好方法

1. (答案合理即可，以下供参考)

分享方法、秘密、消息　　模仿发音、动作、别人
显示时间、温度、文字　　飞快地跑、地说、地走
集中精神、注意力　　约定时间、地点、日期
利用时间、权利、别人　　交流经验、想法、感受
减轻、学习、工作压力　　回答、答案、写得正确
非常、说得、动作标准　　抓住、珍惜、错过机会

2. A. (1) 口音　(2) 随身　(3) 行为

(4) 缘分　　(5) 交流　　(6) 演员、台词
(7) 背　　(8) 显示　　(9) 离开
(10) 逗　　(11) 约定

B. (1) 决定　　(2) 马上　　(3) 行为
(4) 办法　　(5) 怪不得　　(6) 显示
(7) 约会

3. (略)

4. (1) 小美觉得自己太胖了，她下决心要减肥。
(2) 如果有不懂的地方，大家可以随时提出来。
(3) 你看那个牌子上显示这里已经没有停车位了，咱们只能去别的地方停车了。
(4) 我的考试成绩不如小明。
(5) 我不知道做了什么，惹得女朋友不高兴了。
(6) 我发现年纪越大，记性越差。
(7) 多亏妈妈的细心照顾，要不然我的身体没这么健康。
(8) 哥哥做什么动作说什么话，弟弟都喜欢模仿。

5. (1) 请他们来分享一下学习方法吧。
(2) 我有空的时候就拿出来看一看。/有空的时候，我就拿出来看一看。
(3) 我觉得背句子比记词语更有用。/我觉得记词语比背句子更有用。

(4) 学习的时候要集中注意力，别玩手机。

(5) 我把她惹得不高兴了。/她把我惹得不高兴了。

6. (1)(×) 他常常去商店跟店员聊天。

(2)(×) 我逛街的时候遇见/到老师了。

(3)(×) 我请他们慢慢说。

(4)(√)

(5)(×) 如果出现不对的句子，我就要多练几遍。

(6)(×) 我的中文不如我室友好。

(7)(×) 请你帮我拍一下照。

(8)(√)

(9)(×) 她的中文越学越好。

(10)(√)

7. (答案合理即可，以下供参考)

小 A：多抄写词语、遇到不认识的汉字马上查词典、分析汉字的各个部分。

小 B：利用语音输入法练习发音。

小 C：跟 Siri 聊天。

小 D：多跟人用中文交流。

小 E：通过配音 App 练习、模仿发音。

小 F：记下好句子并经常看一看、背一背。

小 J：找个中国女朋友。

8. (略)

9.（略）

第七课　禁止吸烟

1. 减轻压力　　禁止拍照　　严厉惩罚　　危害健康
随处抽烟　　解决问题　　指定场所

2. A.（1）有害　　（2）罚款　　（3）好处　　（4）解决
（5）强调　　（6）措施　　（7）指定　　（8）意识
（9）出现　　（10）明目张胆
B.（1）到处、随处　　（2）发现、意识　　（3）理解、了解
（4）有害、危害　　（5）只好、只能　　（6）指定、规定

3.（略）

4.（1）我挥手跟她打招呼，她却视而不见。
（2）未成年人不能去酒吧。
（3）谢谢你昨天提醒我要准备听写，不然今天我什么也写不出来。
（4）这里禁止拍照！
（5）我要去北京工作了，正打算出售这边的房子。
（6）必须让他本人过来申请办理护照，不能代办。
（7）在公共场所，要注意财物安全。
（8）他老偷懒，被老板骂了。

5. (1) 我在北京没有什么朋友。/在北京，我没有什么朋友。

(2) 这件事，我不是告诉过你吗？/我不是告诉过你这件事吗？

(3) 受父母的影响，我也喜欢中国文化。/受我的影响，父母也喜欢中国文化。

(4) 我花了很长时间才说服他。/他花了很长时间才说服我。

(5) 希望他们能为了家人，早日把烟戒了。/希望他们为了家人，能早日把烟戒了。

6. (1) √ (2) × (3) × (4) √ (5) ×

7. (略)

8. (略)

第八课 火锅

1. 蘸 涮 火锅/鸳鸯锅
生病 痘 辣椒
汗蒸 满头大汗 调味料

2. A. (1) 驱 (2) 热乎乎 (3) 防止 (4) 正宗
(5) 熟 (6) 涮 (7) 腻 (8) 羡慕
(9) 当地 (10) 一带 (11) 鲜美 (12) 蘸
B. (1) 每天、天天 (2) 独特、特别 (3) 地道、正宗

3.（略）

4.（1）我们几个朋友里面，数小明唱歌唱得最好。

（2）对我来说，数火锅最好吃。

（3）妈妈觉得我们几个兄弟姐妹里面，数姐姐最听话懂事。

（4）他的考试成绩在我们班数第一。

（5）同学们都认为中文课里，数阅读课最难。

5.（1）这两部电影虽然主角不同，但故事大同小异。

（2）如果要在中国旅游，广州肯定是我的首选。

（3）他很优秀，但也是一个相当骄傲的人。

（4）北京是一座历史悠久的城市。

（5）这家饭店真不错，菜品种类多样，服务也好。

（6）在重庆，当地人吃火锅都只吃红油火锅，不吃鸳鸯锅。

（7）这种花的样子很独特，我从来没见过。

（8）从这里远远望出去，也望不到海的尽头。

6.（1）我很欣赏她敢爱敢恨的性格。

（2）这附近的饭店，家家都好吃。

（3）这里的气候不好，人容易上火。

（4）我在中国很多地方吃过火锅。

（5）我们班要数他的成绩最好。

7. 咖啡香喷喷的。/她端来一杯热乎乎的咖啡。

叶子绿油油的。

妈妈煮了一锅热乎乎的粥。/妈妈煮了一锅香喷喷的粥。

钻石亮晶晶的。

8.（略）

9.（1）历史悠久、品种多样，很有地方特色。

（2）较为有名的有夫妻肺片、赖汤圆、龙抄手、钟水饺、担担面、三大炮等。

（3）一是因为它的风味突出，二是因为善于用汤，三是因为注重质量，四是因为能根据季节的变化，不断发展创新。此外，四川小吃在经营上随意方便，经济实惠，这也是它受到人们普遍欢迎的一个重要原因。

10.（略）

第九课 绿色生活

1.（答案合理即可，以下供参考）

保护地球、环境、家人

追求成功、幸福、发展

增强信心、体质、意识

向往和平、大海、新生活

气温、成绩、价格下降

减少污染、作业、费用

节约时间、资源、用钱

美好生活、愿望

净化空气、心灵、水资源

病情、情况、环境恶化

2. A.（1）城市　（2）忽略　（3）分类　（4）清新
（5）剩　（6）如今　（7）污染　（8）餐具
（9）地球　（10）提倡

B.（1）追求、向往　（2）爱护、保护　（3）节约、省
（4）减少、减轻　（5）随身、随手

3.（1）（×）请不要随手乱扔垃圾。
（2）（√）
（3）（√）
（4）（×）新电脑我用得不太顺手。
（5）（√）
（6）（√）

4.（略）

5.（1）地球上很多资源都是一次性的。
（2）在广州，65 岁以上的老人，可以免费乘坐公交车。
（3）森林里的各种植物都长得很好。
（4）他打开门进来以后，就随手把钥匙扔在沙发上。
（5）厦门是一个美丽的海滨城市。
（6）他的病情恶化了，看来要早点儿转到大医院去。
（7）妈妈常常教育我，吃饭一定要光盘，不要浪费粮食。
（8）对于想要的生活，就应该努力去追求。

6.（1）保护环境从我做起。

（2）我来分享一下我的绿色生活方式。

（3）只要不赶时间，我就走路去学校。

（4）随着社会的进步，人们的环保意识增强了。/人们的环保意识随着社会的进步增强了。

（5）我的家离学校有一段距离。/学校离我的家有一段距离。

7.（1）他每天要用好多纸巾。吃过东西，他用纸巾擦擦嘴，洗完手会用纸巾擦擦手、擦擦衣服。

（2）制造纸巾要用树木做原料。

（3）我们要节约用纸。

8.（1）浪费水资源　（2）使用一次性餐具　（3）砍伐树木

（4）乱扔垃圾/污染水资源　（5）排放废气

（6）排放污水

9.（略）

10.（略）

11.（略）

第十课　手机

1. 内存卡	摄像头	尺寸
电池	屏幕	插头
数据线	充电宝/充电	低头族

2. （1）名气　（2）低头族　（3）忠实　（4）项
（5）简洁　（6）推出　（7）外观　（8）先进
（9）流畅　（10）比较

3. （略）

4. （略）

5. （1）如今，手机已经成为人们生活中不可或缺的一部分了。
（2）他这个人啊，得了一点儿好成绩就喜欢到处显摆。
（3）我的电脑内存不够了。
（4）虽然他们俩同时开始学中文，但现在两人差距很大。
（5）咦，怎么电脑卡了？
（6）过年送长辈礼品，应该要买高档的。
（7）我觉得妈妈就像超人一样，无所不能。
（8）这套家具外观典雅。

6.（1）他这样做，真给我面子。

（2）现在一眼望去，满大街都是低头族。/现在满大街一眼望去都是低头族。

（3）我是这本书的忠实粉丝。/我是这本书忠实的粉丝。

（4）很多人为了工作，忽略了身体健康。/为了工作，很多人忽略了身体健康。

（5）这种类型的游戏很受年轻人欢迎。

7.（略）

8.（略）

词汇表 Vocabulary

生词总表（按音序排列）

A

艾*	ài	（5）
按	àn	（5）
安慰	ānwèi	（5）
按照	ànzhào	（4）

B

拔	bá	（5）
把脉*	bǎmài	（5）
颁布	bānbù	（7）
斑纹*	bānwén	（3）
办法	bànfǎ	（6）
包括	bāokuò	（5）

注：括号里的数字表示生词所在的课。

Note: The numbers in brackets indicate the lesson where the new words are located.

保护	bǎohù	(9)
抱	bào	(3)
背	bèi	(6)
本人	běnrén	(7)
彼此*	bǐcǐ	(1)
笔记	bǐjì	(6)
避免	bìmiǎn	(9)
标准	biāozhǔn	(6)
表达	biǎodá	(1)
表格	biǎogé	(10)
并	bìng	(1)
不必	búbì	(1)
不可或缺	bùkě-huòquē	(10)
不如	bùrú	(6)
不适	búshì	(5)
不同	bù tóng	(1)
不只	bùzhǐ	(8)

C

菜品*	càipǐn	(8)
参数*	cānshù	(10)
参照	cānzhào	(10)
餐具*	cānjù	(9)
餐馆*	cānguǎn	(2)

蹭*	cèng	(3)
叉	chā	(2)
差距	chājù	(10)
插	chā	(2)
插头*	chātóu	(9)
差点儿	chàdiǎnr	(3)
抄写	chāoxiě	(6)
城市	chéngshì	(9)
惩罚	chéngfá	(7)
尺寸	chǐcùn	(10)
宠物	chǒngwù	(3)
抽烟	chōu yān	(7)
丑	chǒu	(3)
出售	chūshòu	(7)
出现	chūxiàn	(7)
除此之外	chú cǐ zhī wài	(3)
除非	chúfēi	(4)
存储*	cúnchǔ	(10)
措施*	cuòshī	(7)

D

打招呼	dǎ zhāohu	(1)
大汗淋漓*	dà hàn línlí	(8)
大同小异	dàtóng-xiǎoyì	(8)

大小便	dà xiǎo biàn	(3)
当地	dāngdì	(8)
当前	dāngqián	(10)
刀	dāo	(2)
导致	dǎozhì	(7)
道理	dàolǐ	(4)
低碳*	dītàn	(9)
低头族	dītóu zú	(10)
滴	dī	(9)
的确	díquè	(5)
底下	dǐxia	(4)
地球	dìqiú	(9)
电器*	diànqì	(9)
店员	diànyuán	(6)
懂	dǒng	(6)
逗	dòu	(6)
痘*	dòu	(8)
独特	dútè	(8)
对于	duìyú	(4)
对症下药*	duìzhèng-xiàyào	(5)
多亏	duōkuī	(6)
多样	duōyàng	(8)

E

恶化	èhuà	(9)
二手烟	èrshǒuyān	(7)

F

发出	fāchū	(2)
罚	fá	(7)
罚款*	fákuǎn	(7)
翻	fān	(2)
防止	fángzhǐ	(8)
飞快	fēikuài	(6)
废气*	fèiqì	(9)
分辨率*	fēnbiàn lǜ	(10)
分类	fēnlèi	(9)
分享	fēnxiǎng	(6)
风扇*	fēngshàn	(9)
副	fù	(3)

G

敢爱敢恨	gǎn ài gǎn hèn	(8)
感情	gǎnqíng	(4)
感受	gǎnshòu	(7)
干吗	gànmá	(1)

高档	gāodàng	(10)
隔壁*	gébì	(3)
根	gēn	(2)
公共场所	gōnggòng chǎngsuǒ	(7)
公筷*	gōngkuài	(2)
共享单车*	gòngxiǎng dānchē	(9)
购物袋	gòu wù dài	(9)
孤单	gūdān	(3)
顾客	gùkè	(6)
刮痧*	guāshā	(5)
乖	guāi	(3)
怪不得	guàibude	(6)
关系	guānxì	(4)
关于	guānyú	(4)
光盘*	guāngpán	(9)
广告	guǎnggào	(7)
规定	guīdìng	(7)
规矩	guīju	(2)
锅底	guōdǐ	(8)

H

含	hán	(2)
寒	hán	(8)
寒暄*	hánxuān	(1)

汗蒸*	hàn zhēng	(8)
好处	hǎochù	(7)
好运	hǎoyùn	(4)
好	hào	(4)
好客	hàokè	(4)
好奇	hàoqí	(5)
合作	hézuò	(4)
横*	héng	(2)
红彤彤*	hóngtóngtóng	(8)
呼噜*	hūlū	(3)
忽略	hūlüè	(9)
划拳*	huáquán	(4)
环保	huánbǎo	(9)
挥动	huīdòng	(2)
回答	huídá	(1)
火罐*	huǒguàn	(5)

J

极了	jí le	(3)
疾病	jíbìng	(7)
集中	jízhōng	(6)
记性	jìxing	(6)
既	jì	(1)
夹	jiā	(2)

减轻	jiǎnqīng	(7)
减少	jiǎnshǎo	(9)
简洁	jiǎnjié	(10)
讲究	jiǎngjiu	(1)
讲课	jiǎngkè	(6)
交叉	jiāochā	(2)
交流	jiāoliú	(6)
浇	jiāo	(9)
节约	jiéyuē	(9)
解决	jiějué	(7)
筋道*	jīndao	(2)
紧张	jǐnzhāng	(5)
尽情	jìnqíng	(8)
禁烟令*	jìn yān lìng	(7)
禁止	jìnzhǐ	(7)
经过	jīngguò	(5)
经济	jīngjì	(9)
精神	jīngshen	(5)
净化	jìnghuà	(9)
敬	jìng	(4)
久违*	jiǔwéi	(1)
酒量*	jiǔliàng	(4)
就算	jiùsuàn	(10)
具体	jùtǐ	(1)
距离	jùlí	(1)

K

口音	kǒuyīn	(6)
酷*	kù	(7)
快速	kuàisù	(4)
筷子*	kuàizi	(2)
旷课	kuàngkè	(6)
况且	kuàngqiě	(10)

L

拉	lā	(1)
垃圾	lājī	(9)
辣椒	làjiāo	(8)
烂	làn	(6)
离开	líkāi	(6)
礼貌	lǐmào	(2)
理解	lǐjiě	(6)
历史	lìshǐ	(8)
立即	lìjí	(9)
立马	lìmǎ	(6)
利用	lìyòng	(5)
脸红	liǎnhóng	(4)
脸色	liǎnsè	(5)
良	liáng	(5)

良药苦口*	liángyào kǔkǒu	(5)
领导	lǐngdǎo	(1)
流畅*	liúchàng	(10)
遛	liù	(3)
楼道	lóudào	(7)
乱	luàn	(3)
乱七八糟	luànqībāzāo	(3)

M

麻	má	(8)
毛茸茸*	máoróngróng	(3)
贸易*	màoyì	(4)
美好	měihǎo	(9)
美丽	měilì	(9)
闷	mēn	(4)
眯	mī	(3)
面对	miànduì	(1)
面馆	miànguǎn	(2)
面子	miànzi	(10)
名气	míngqi	(10)
明目张胆*	míngmù-zhāngdǎn	(7)
模仿*	mófǎng	(6)
默默	mòmò	(3)
某	mǒu	(5)

木头	mùtou	(6)

N

那样	nàyàng	(2)
难道	nándào	(1)
闹笑话	nào xiàohua	(1)
内存	nèicún	(10)
内容	nèiróng	(10)
腻	nì	(8)
黏人*	nián rén	(3)

P

排放*	páifàng	(9)
牌子	páizi	(7)
配音*	pèiyīn	(6)
碰	pèng	(1)
皮肤	pífū	(8)
品牌	pǐnpái	(10)
屏幕*	píngmù	(10)

Q

其次	qícì	(9)
奇怪	qíguài	(1)

千万	qiānwàn	(2)
强调	qiángdiào	(7)
轻松	qīngsōng	(5)
清楚	qīngchu	(1)
清汤	qīngtāng	(8)
清新	qīngxīn	(9)
情况	qíngkuàng	(5)
请客	qǐngkè	(2)
请教	qǐngjiào	(1)
驱	qū	(8)
全身	quánshēn	(3)
劝	quàn	(4)

R

惹	rě	(6)
热乎乎	rèhūhū	(8)
人类	rénlèi	(3)
认为	rènwéi	(1)
仍然	réngrán	(7)
日常	rìcháng	(5)
容量*	róngliàng	(10)
如今	rújīn	(9)
入乡随俗	rùxiāng-suísú	(4)

S

三长两短	sāncháng liǎngduǎn	(2)
啥*	shá	(1)
上火	shànghuǒ	(8)
舌头	shétou	(5)
社会	shèhuì	(9)
摄像头*	shèxiàng tóu	(10)
身边	shēnbiān	(3)
什么的	shénmede	(3)
神奇	shénqí	(5)
生病	shēngbìng	(8)
绳子*	shéngzi	(3)
省心	shěngxīn	(3)
剩	shèng	(9)
似的	shìde	(3)
视而不见	shì'érbújiàn	(7)
手腕*	shǒuwàn	(5)
首先	shǒuxiān	(9)
首选	shǒuxuǎn	(8)
受不了	shòu bùliǎo	(8)
输入法*	shūrù fǎ	(6)
熟	shú	(8)
熟能生巧	shúnéngshēngqiǎo	(2)
竖*	shù	(2)

涮	shuàn	(8)
吮	shǔn	(2)
顺序	shùnxù	(4)
说法	shuōfǎ	(4)
随处	suíchù	(7)
随地	suídì	(3)
随身	suíshēn	(6)
随手	suíshǒu	(9)
随意	suíyì	(2)

T

台词*	táicí	(6)
趟	tàng	(5)
讨厌	tǎoyàn	(5)
特地	tèdì	(1)
疼痛	téngtòng	(5)
提倡	tíchàng	(9)
提醒	tíxǐng	(7)
体会	tǐhuì	(4)
舔	tiǎn	(4)
调皮	tiáopí	(3)
停	tíng	(1)
同时	tóngshí	(1)
吐	tǔ	(4)

推出	tuīchū	(10)
推拿*	tuīná	(5)
拖	tuō	(9)
拖鞋*	tuōxié	(3)

W

外观	wàiguān	(10)
望	wàng	(8)
危害	wēihài	(7)
卫生	wèishēng	(2)
为	wèi	(3)
未成年人	wèichéngniánrén	(7)
胃	wèi	(8)
温顺	wēnshùn	(3)
问好	wènhǎo	(1)
问候	wènhòu	(1)
污染	wūrǎn	(9)
无法	wúfǎ	(4)
无所不能	wú suǒ bù néng	(10)

X

西餐*	xīcān	(2)
吸烟	xī yān	(7)

系统*	xìtǒng	(10)
细	xì	(5)
下降	xiàjiàng	(9)
下决心	xià juéxīn	(6)
先进	xiānjìn	(10)
鲜美	xiānměi	(8)
显摆	xiǎnbai	(10)
显得	xiǎnde	(1)
显示	xiǎnshì	(6)
羡慕	xiànmù	(8)
相当	xiāngdāng	(8)
香烟	xiāngyān	(7)
享受	xiǎngshòu	(3)
响声	xiǎngshēng	(2)
向	xiàng	(1)
向往	xiàngwǎng	(9)
项	xiàng	(10)
像素*	xiàngsù	(10)
消化	xiāohuà	(5)
小卖部	xiǎomàibù	(6)
笑话	xiàohua	(1)
心得	xīndé	(6)
心有余悸*	xīnyǒuyújì	(3)
新娘*	xīnniáng	(2)
兴隆*	xīnglóng	(4)

行为	xíngwéi	(6)
型号*	xínghào	(10)
幸福	xìngfú	(9)
性格	xìnggé	(3)
性能	xìngnéng	(10)
凶	xiōng	(3)
穴位*	xuéwèi	(5)
学问	xuéwen	(1)
雪白	xuěbái	(3)
训练	xùnliàn	(3)

Y

压力	yālì	(6)
牙签*	yáqiān	(2)
腌制*	yān zhì	(8)
严厉	yánlì	(7)
演员*	yǎnyuán	(6)
养	yǎng	(3)
咬	yǎo	(3)
要不	yàobù	(4)
要命	yàomìng	(5)
医疗	yīliáo	(5)
一次性	yícìxìng	(9)
一带	yídài	(8)

以上	yǐshàng	(9)
意见	yìjiàn	(3)
意识	yìshí	(7)
阴冷	yīnlěng	(8)
银针	yín zhēn	(5)
英寸 *	yīngcùn	(10)
悠久 *	yōu jiǔ	(8)
有害	yǒu hài	(7)
与	yǔ	(5)
遇见	yùjiàn	(1)
鸳鸯锅 *	yuānyāng guō	(8)
原来如此	yuánlái rúcǐ	(1)
缘分 *	yuánfèn	(6)
院长	yuàn zhǎng	(1)
愿望	yuànwàng	(3)
约定	yuēdìng	(6)
娱乐	yúlè	(10)
晕	yūn	(5)
允许	yǔnxǔ	(3)

Z

增强	zēngqiáng	(9)
扎	zhā	(5)
沾	zhān	(2)

蘸	zhàn	(8)
长辈	zhǎngbèi	(1)
者	zhě	(7)
针灸*	zhēnjiǔ	(5)
真心	zhēnxīn	(4)
整齐	zhěngqí	(2)
正确	zhèngquè	(6)
正宗	zhèngzōng	(8)
政府*	zhèngfǔ	(7)
之间	zhī jiān	(4)
职位	zhíwèi	(4)
植物*	zhíwù	(9)
指	zhǐ	(2)
指定*	zhǐdìng	(7)
指令*	zhǐlìng	(3)
治病	zhì bìng	(5)
治疗	zhìliáo	(5)
中医院	zhōngyī yuàn	(5)
忠诚	zhōngchéng	(3)
忠实	zhōngshí	(10)
主人	zhǔrén	(2)
主要	zhǔyào	(2)
注意力	zhùyì lì	(6)
注重	zhùzhòng	(5)
祝酒词*	zhùjiǔ cí	(4)

专门	zhuānmén	(7)
追求	zhuīqiú	(9)
自娱自乐	zì yú zì lè	(3)
嘴巴	zuǐba	(8)
醉	zuì	(4)
尊重	zūnzhòng	(1)
作文	zuòwén	(6)
作息	zuòxī	(5)

专名

阿福	Ā Fú	(3)
重庆	Chóngqìng	(8)
湖南	Húnán	(8)
四川	Sìchuān	(8)

MPR 出版物链码使用说明

本书中凡文字下方带有链码图标“══”的地方，均可通过“泛媒关联”App 的扫码功能或“泛媒阅读”App 的“扫一扫”功能，获得对应的多媒体内容。

您可以通过扫描下方的二维码下载“泛媒关联”App、“泛媒阅读”App。

“泛媒关联”App 链码扫描操作步骤：

1. 打开“泛媒关联”App；
2. 将扫码框对准书中的链码扫描，即可播放多媒体内容。

“泛媒阅读”App 链码扫描操作步骤：

1. 打开“泛媒阅读”App；
2. 打开“扫一扫”功能；
3. 扫描书中的链码，即可播放多媒体内容。

扫码体验：